Cuisine santé, cuisine bonheur

70 nouvelles recettes

Fédération Belge
contre le Cancer

Guides-santé parus précédemment

- *Mieux comprendre le cancer*, 1998
- *Alimentation saine, un guide pratique de prévention*, 1999
- *Environnement et cancers, un guide pratique de prévention*, 2000
- *La santé de la tête aux pieds*, 2001
- *Mieux comprendre le malade pour mieux l'accompagner*, 2002
- *Comprendre nos dépendances pour mieux les dépasser*, 2003

Rédaction: Eva de Winter, *nutritionniste*
Rédaction scientifique: Dr Ivo Nagels, Dr Didier Vander Steichel
Rédaction finale: Walter Van Daele, J.H. Verbanck
Coordination: Louise Huant
Mise en page: CREO (Hugo Van Nuffel)
Dépôt légal: D/2004/8647/83
ISBN: 2-87247-024-7

Fédération Belge contre le Cancer

Nos objectifs

Trois préoccupations fondamentales conditionnent la démarche de la Fédération Belge contre le Cancer.

- En tout premier lieu, nous sommes soucieux d'aider les chercheurs de nos universités dans leur lutte contre la maladie afin qu'un jour le monde soit délivré de cette terrible maladie qu'est le cancer.
- Ensuite, nous voulons être à l'écoute et au service des patients et de leur famille en leur offrant un accompagnement, éventuellement un soutien financier et une aide psychologique qui leur fait parfois défaut.
- Enfin, considérant que la lutte contre le cancer ne peut être efficace que moyennant une prise de conscience dès le plus jeune âge, nous consacrons une énergie non négligeable à la prévention qui, bien conçue, permet d'éviter l'apparition de deux cancers sur trois.

Si vous désirez, vous aussi, soutenir nos efforts, il vous est possible de montrer votre générosité en nous aidant financièrement.

Nous vous remercions de verser vos dons au compte CCP 000-0000089-89.

En outre, certaines personnes désirent faire un legs à la Fédération par voie testamentaire. Si vous voulez également entreprendre cette démarche généreuse, n'hésitez pas à en parler à votre notaire ou à nous contacter directement au numéro 02 736 99 99. C'est avec plaisir que nous vous donnerons toutes les informations indispensables.

Fédération Belge contre le Cancer
Chaussée de Louvain 479, B-1030 Bruxelles
Téléphone: 02 736 99 99 – Fax: 02 734 92 50

E-mail département Communication:
commu@cancer.be
E-mail département Promotion de la santé:
scientif@cancer.be

Notre magazine
Cancerinfo, publication trimestrielle,
E-mail: **magazine@cancer.be**

Notre Site Internet
http://www.cancer.be

Le Cancerphone
L'aide psychosociale des personnes atteintes d'un cancer, qu'il s'agisse d'adultes ou d'enfants, est extrêmement importante. C'est pourquoi la Fédération Belge contre le Cancer a créé le service d'assistance téléphonique Cancerphone. Il s'agit d'un service d'assistance gratuit. Chacun peut s'y adresser à une équipe expérimentée constituée de spécialistes dans le domaine de la santé: médecins, psychologues, infirmières. N'hésitez pas à nous contacter. Appelez le numéro gratuit 0800 15 801. Nous sommes à votre disposition tous les jours ouvrables de 9 à 13 heures et le lundi jusqu'à 19 heures.

Table des matières

Avant-propos

Quand cuisiner rime avec plaisir

Un revirement spectaculaire dans le domaine de l'alimentation a été observé en Europe ces cinquante dernières années. Nous sommes passés des pénuries de l'après-guerre à l'opulence, la diversité, ainsi qu'à des techniques de préparation ou de conservation de plus en plus sophistiquées. Au même moment, des changements démographiques et sociaux ont été constatés, influençant les besoins et les désirs des consommateurs, ainsi que la préparation et la consommation de certains produits alimentaires. Ainsi, il existe aujourd'hui plus de choix qu'auparavant. Cette diversité est soutenue par une variété croissante d'aliments qui se conservent plus longtemps, ainsi que par l'accentuation de la vitesse et de la commodité dans la préparation des repas. Toutefois, la société de consommation que nous connaissons aujourd'hui ne rime pas forcément avec une alimentation équilibrée.

Selon certaines études, malgré l'abondance et la diversité que nous connaissons depuis plusieurs décennies, les changements d'habitudes alimentaires n'ont pas été systématiques et même quand ils se produisent, ils ne vont pas forcément dans le sens d'une alimentation plus saine. Ainsi, beaucoup de personnes continuent à mal s'alimenter. Il faut tenir compte de ce que les gens pensent, savent ou croient savoir de l'alimentation. Le comportement alimentaire d'un individu est généralement déterminé par son éducation alimentaire, le milieu socio-économique dont il est issu, ses goûts, ses convictions, ainsi que par ses pratiques et habitudes (grignotages, fast-food, etc.). Tous ces facteurs sont reliés entre eux. Cela signifie que la modification de l'un deux peut avoir des répercussions sur les autres. Concrètement, la modification de la perception d'un aliment déterminé (par exemple, via l'éducation alimentaire) ne sera pas facile à introduire dans la pratique car elle peut s'opposer de manière virulente à des attitudes ou des convictions. C'est donc seulement par une connaissance approfondie de la culture alimentaire et par une communication adéquate que l'on peut envisager un changement des habitudes alimentaires.

Aujourd'hui, les habitudes en matière d'alimentation tendent à évoluer et les jeunes générations adoptent de plus en plus la culture 'fast-food'. Est-ce une mode, un gain de temps, un phénomène de société ou une méconnaissance de la Pyramide alimentaire équilibrée? Afin de mieux comprendre l'apogée de la restauration rapide, revenons quelques années en arrière. Le fast-food n'est pas un phénomène récent. Au début du 19e siècle déjà, c'est-à-dire au commencement de l'époque industrielle, lorsque les gens devaient travailler de 12 à 14 heures par jour, il ne leur restait guère de temps pour de longues pauses repas. C'est ainsi que sont nés devant les usines les premières échoppes et autres lieux de restauration rapide. A l'heure actuelle, les repas pris rapidement à l'extérieur appartiennent bel et bien à notre mode de vie. Nous n'avons bien souvent ni le temps ni l'occasion de faire des courses ou de préparer et consommer nos repas à la maison.

Outre l'impact sur la santé d'une consommation fréquente du type de nourriture que l'on mange rapidement sur le coin d'une table, la restauration rapide n'at-elle pas d'effet sur le caractère social et chaleureux que peut revêtir un repas traditionnel? Cette restauration ne prive-t-elle pas le consommateur du plaisir de sélectionner soigneusement son menu et d'apprécier le fumet et la saveur d'un plat préparé avec soins et consommé, sans être pressé par le temps, dans une ambiance agréable? Rappelons en effet que l'alimentation ne signifie pas simplement se nourrir. Elle occupe une place bien plus large dans notre vie. Elle joue notamment un rôle très important dans les relations sociales et économiques des individus. Un aliment est certes un produit, mais à côté de cela il peut faire fonction de symbole du statut d'un individu ou encore refléter son identité. Ainsi, certaines personnes utilisent la nourriture pour montrer qu'elles appartiennent à une culture bien précise. La nourriture favorise également le contact social entre les individus. Rien n'est plus agréable que s'attabler et discuter ensemble autour d'un repas délicieux. C'est aussi autour d'une bonne table que la famille transmet ses valeurs de génération en génération.

Le caractère culturel de l'alimentation est indéniable. La Belgique possède, elle aussi, toute une série de produits et de plats typiques. Les Belges ont généralement la réputation de bien manger. Soyons fidèles à cette image et limitons au maximum les repas pris 'sur le pouce', pas toujours équilibrés, et tellement moins chaleureux qu'un repas traditionnel.

Afin de vous aider à préparer de manière équilibrée nos célèbres moules ou wok à la chinoise, ainsi que de nombreux autres plats belges ou étrangers, la Fédération Belge contre le Cancer a eu l'idée de rédiger ce livre de recettes et de petites 'astuces'. Il vous détaille tout d'abord des recettes à la fois délicieuses, bon marché, rapides et excellentes pour la santé et vous rappelle ensuite les principes d'une alimentation équilibrée.

Bon appétit!

Paul Jacquet de Haveskercke
Directeur général

1

Recettes

Nous nous sommes particulièrement intéressés aux critères 'rapide', 'bon marché', 'délicieux' et 'sain', lors de la composition des recettes. Nous nous sommes personnellement chargés de l'évaluation du critère 'délicieux', mais nous espérons que vous partagerez notre opinion. En ce qui concerne les critères 'rapide' et 'bon marché', nous avons accompagné de très nombreuses recettes de 'conseils de rapidité' et de 'conseils d'économie'. Nous essayons ainsi de vous donner des idées ou de vous aider à mettre en pratique les conseils généraux.

Nous avons trouvé qu'il était utile de vous donner de temps en temps un 'conseil de réutilisation' afin que vous disposiez d'idées pour employer les restes dans d'autres recettes. Avec certaines recettes, vous trouverez aussi un 'conseil de variation'. Enfin, le 'conseil pour les enfants' vous explique comment votre cuisine pourra (enfin) plaire aussi aux enfants.

Toutes les recettes sont pour 4 personnes, sauf indication contraire. Bon amusement et... bon appétit!

Guide des conseils

 Conseil de rapidité   Conseil pour les enfants

 Conseil de variation   Conseil de réutilisation

 Conseil d'économie

Abréviations utilisées dans les recettes
cc = cuillère à café   cs = cuillère à soupe

Idées pour l'apéritif

Amuse-gueule et boissons

Un apéritif 'classique' ne doit pas nécessairement
être une habitude quotidienne. Pourtant, la vie trépi-
dante que nous menons pousse beaucoup d'entre
nous à prendre 'quelque chose' dès le retour à la
maison, avant de passer à table. Pour ces personnes, il
s'agit de la pause par excellence, après une journée
très chargée. Nous trouvons que nous l'avons bien
mérité. Pourquoi pas? Si nous le faisons de manière
saine et savoureuse, nous pouvons sans aucun doute
nous le permettre. Voici quelques conseils ainsi que
des recettes de boissons et d'amuse-gueule sains.

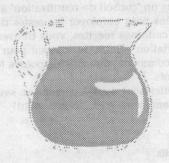

Amuse-gueule

Vous pouvez très facilement préparer des amuse-
gueule sains avec les ingrédients d'une salade de
légumes.

Soupe maigre de légumes

En termes d'amuse-gueule et d'en-cas, la soupe maigre occupe la première position, ex æquo avec les fruits, les crudités et les légumes cuisinés. Les légumes contiennent très peu de calories. En principe, vous pouvez donc en consommer toute la journée. La soupe maigre de légumes aussi. Si vous voulez vous en convaincre, regardez les ingrédients. Pour cette recette, vous pouvez utiliser n'importe quels légumes.

INGRÉDIENTS

légumes au choix, mixtes ou d'une seule sorte • oignon • eau • bouillon maigre: bouillon de légumes ou de viande (au choix) • poivre • épices (à volonté)

PRÉPARATION

Coupez les légumes et l'oignon; en gros morceaux si vous avez l'intention de passer ou de mixer votre soupe ultérieurement; dans le cas contraire, en petits morceaux. Déposez les légumes dans une marmite et ajoutez de l'eau, jusqu'à ce que les légumes soient couverts. Par demi-litre d'eau, ajoutez un cube de bouillon; poivrez et épicez à volonté. Laissez bouillir 20 minutes, puis mixez la soupe ou passez-la. Si la soupe est trop épaisse, ajoutez une part égale d'eau et de bouillon, puis laissez bouillir encore un peu.

Utilisez des légumes surgelés: vous ne devrez plus les nettoyer.

Pour varier, utilisez des légumes de saison.

Achetez des légumes en promotion.

Des vermicelles ou des boulettes rendent la soupe plus attrayante pour les enfants.

Servez la soupe comme plat de résistance en y ajoutant des pâtes, du riz ou des pommes de terre ainsi que de petits morceaux de viande.

Délice de crudités

Il vous reste certainement toujours des crudités. Tous les légumes se prêtent à une trempette dans de la sauce: feuilles de chicon, petites carottes, tiges de poireau, tomates cerises, bâtonnets de concombre, lanières de poivron,... Disposez-les en soleil sur une assiette avec un petit bol de sauce au milieu ou dans des verres à pied, par exemple des verres à vin. A l'occasion d'une fête, vous pouvez remplacer les bols par des demi poivrons évidés.

INGRÉDIENTS

crudités (au choix; mixtes ou d'une seule sorte)
pour une sauce au curry
100 g de mayonnaise ou de fromage blanc (ou 50/50) • 1 cc de curry • 1 cs de fromage râpé (vieux) • poivre
pour une sauce au yaourt
150 g de yaourt • 1 œuf dur finement écrasé • 1 cc de moutarde • jus de citron • sel et poivre • ciboulette (fraîche) émincée • persil (frais)

PRÉPARATION

Sauce au curry: mélangez la mayonnaise ou le fromage blanc avec le curry et le fromage râpé; poivrez à volonté.
Sauce au yaourt: mélangez le yaourt aux autres ingrédients et assaisonnez à volonté.

De nos jours, les supermarchés vendent des légumes déjà nettoyés (carottes, fleurs de chou-fleur, etc.): plus chers mais pratiques.

Les légumes de saison sont la meilleure garantie de fraîcheur.

Achetez des crudités en promotion.

Pour les enfants, disposez les légumes crus sur une assiette séparée et formez des dessins (un visage, une fleur, un soleil).

Utilisez les crudités restantes en salade ou dans une soupe.

Brochettes pour l'apéritif

Les brochettes, vous connaissez. Mais connaissez-vous aussi les brochettes pour l'apéritif? Ce sont des cure-dents sur lesquels vous piquez toutes sortes de bonnes choses (saines). Voici quelques idées.

INGRÉDIENTS ET PRÉPARATION

Brochette de tomates et mozzarella
Alternez sur un cure-dent un dé de mozzarella et une to-mate cerise; ajoutez-y éventuellement une olive dénoy-autée. Disposez les brochettes sur une petite assiette de façon à former un soleil; versez dessus quelques gouttes d'huile d'olive et saupoudrez-les de basilic ou d'origan frais ou séché, de poivre et d'une pincée de sel. Si vous uti-lisez des herbes aromatiques fraîches, piquez-en une feuille entre les dés, sur le cure-dent.

Brochette de fromage
Alternez sur un cure-dent un dé de fromage (maigre) jeune ou vieux et un petit cornichon ou un petit oignon. Pour une belle présentation, vous pouvez également les disposer en soleil sur une assiette. Si vous le souhaitez, ac-compagnez-les d'un peu de moutarde.

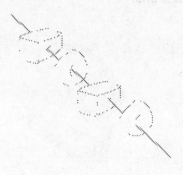

Toasts vite prêts

Les toasts sont toujours des amuse-gueule appréciés. Ils sont sains et légers, à condition que ce qui les accompagne soit sain aussi. Quelques conseils.

INGRÉDIENTS ET PRÉPARATION

Pour les toasts, utilisez du pain (gris) ou de petites tranches de baguette que vous pouvez griller si vous le souhaitez. Encore plus rapide: achetez de petits toasts à apéritif classiques ou des bruschettas, de petits toasts italiens en vente dans la plupart des supermarchés; ils sont plus durs et mollissent donc moins vite.

Toasts aux œufs et aux anchois
Garnissez les toasts d'une tranche d'œuf dur, d'un morceau de filet d'anchois (vendus en boîte de conserve dans les supermarchés) et, éventuellement, d'une câpre.

Toasts au chèvre doux
Tartinez les toasts de chèvre doux puis déposez-y une goutte d'huile d'olive. Garnissez d'un morceau de tomate séchée au soleil (en vente dans tous les supermarchés, elles se conservent très longtemps) et saupoudrez d'herbes de Provence. Vous pouvez aussi les passer quelques instants sous le grill.

Tzatziki

Le tzatziki est un plat grec à base de fromage blanc ou de yaourt. Utilisez-le comme sauce pour tremper le pain. Vous pourrez ainsi offrir un amuse-gueule à la fois sain et savoureux!

INGRÉDIENTS

250 g de fromage blanc ou de yaourt grec (en vente dans les supermarchés) • un demi concombre épluché • 1 gousse d'ail • 2 cs d'huile d'olive • sel et poivre • éventuellement, quelques feuilles de menthe fraîche

PRÉPARATION

Râpez le concombre et ajoutez-le au fromage blanc ou au yaourt. Ajoutez l'ail écrasé. Mélangez bien tous les ingrédients, puis ajoutez de l'huile d'olive à volonté, du poivre et un peu de sel. Quelques feuilles de menthe fraîche émincées apportent quelque chose de particulier à votre tzatziki. Vous pouvez aussi utiliser les feuilles de menthe comme décoration. Si vous préparez le tzatziki un jour ou plusieurs heures à l'avance, il sera encore meilleur. Couverte, la préparation se conserve plusieurs jours au réfrigérateur.

En-cas sains tout prêts en vente au supermarché

– Mélange japonais, au rayon des fruits secs ou des chips.
– Pour que les noix aient un aspect hors du commun, faites-les rôtir dans une poêle. Pour cela, remuez les noix dans une poêle chauffée, jusqu'à ce qu'elles brunissent. Aucune matière grasse n'est nécessaire.
– Olives.
– Fromage maigre.
– Poivrons, aubergines et courgettes garnis, en vente au rayon des spécialités italiennes.
– Grissinis: baguettes dures, longues et fines que l'on trouve souvent sur les tables des restaurants italiens. Ils sont également en vente dans la plupart des supermarchés.

Boissons

Les recettes de boissons ne contiennent pas d'alcool et sont à base de fruits ou de légumes. Des idées savoureuses pour l'hiver et l'été, pour vous et vos enfants! Toutes les recettes sont pour quatre personnes.

Macao

Un délicieux cocktail de fruits auquel le lait de coco donne un caractère exotique.

INGRÉDIENTS

300 ml de jus d'ananas • 150 ml de jus d'orange • 100 ml de lait de coco (en vente dans les supermarchés) • 2 petites bouteilles de Sanbitter (de Sanpellegrino) ou de Bitter Rosso (de Crodo) (= 2 x 100 ml) (Apéritifs italiens sans alcool; rouges et un peu amers; en vente dans les supermarchés.) • éventuellement, 1 orange en tranches pour la garniture

PRÉPARATION

Mélangez le jus d'ananas, le jus d'orange et le lait de coco jusqu'à l'obtention d'un liquide homogène. Répartissez dans les verres et ajoutez des glaçons. Avant de servir, complétez avec l'apéritif italien. Décorez les verres de quelques tranches d'orange.

Variations sur le cocktail Macao: Exotica et Panaco

INGRÉDIENTS

150 ml de lait de coco • 150 ml de jus de fruit de la passion • 200 ml de jus d'orange (Exotica) ou 150 ml de jus d'ananas (Panaco) • 200 ml de jus d'ananas (Exotica uniquement) • éventuellement, 1 orange en tranches pour la garniture

PRÉPARATION

Mélangez le lait de coco et les jus de fruits jusqu'à l'obtention d'un liquide homogène. Versez dans les verres et ajoutez les glaçons. Décorez de quelques tranches d'orange.

Sangria rouge

Version sans alcool de la sangria classique.

INGRÉDIENTS

*1 l de jus de raisin noir • 1 pomme • 1 banane •
1 orange • 1 citron • 1 pêche • éventuellement, de
la cannelle en poudre ou en bâtonnets*

PRÉPARATION

Pelez les fruits et coupez-les en morceaux. Déposez-les
dans un bol et ajoutez le jus de raisin. Laissez reposer au
réfrigérateur pendant deux à trois heures. Plus vous lais-
serez la sangria reposer au réfrigérateur, plus elle sera savoureuse. Un peu de poudre de cannelle dans la sangria
ou quelques bâtonnets de cannelle dans la carafe donne-
ront un goût particulier.

  Utilisez des fruits de saison.

Igloo

Une délicieuse boisson estivale, typique et rafraîchissante.

INGRÉDIENTS

*200 ml de jus de citron ou de citron vert (= environ
3 citrons ou 5 citrons verts) • 100 ml de sirop de
menthe • 400 ml d'eau gazeuse • éventuellement,
quelques feuilles de menthe • une tranche de citron • une tranche de citron vert ou une cerise con-
fite pour la garniture*

PRÉPARATION

Pressez les citrons ou les citrons verts. Versez l'eau, le
sirop et le jus dans un récipient. Mélangez bien. Décorez
comme vous le souhaitez.

Orange Tea

Un authentique cocktail hivernal. À consommer avant ou après le repas.

INGRÉDIENTS

400 ml de thé froid • 150 ml de jus d'orange • 5 ml de jus de citron (environ 1 citron) • 40 ml de sirop de cassis • 4 tranches de citron ou d'orange et 4 cerises confites pour la garniture

PRÉPARATION

Préparez du thé fort et laissez-le refroidir pendant une heure au réfrigérateur. Déposez quelques glaçons dans un bol et recouvrez-les du thé, des jus et du sirop. Mélangez bien et servez avec un glaçon. Décorez les verres.

Bugs Bunny

Les fruits, mais aussi les légumes vous permettent de créer une infinité de cocktails. Ce Bugs Bunny, par exemple.

INGRÉDIENTS

400 ml de jus de carottes froid • 200 ml de jus de tomates froid • 2 citrons (environ 80 ml de jus) • sel de céleri, poivre ou Tabasco • quelques rondelles de carotte ou tranches de citron pour la garniture

PRÉPARATION

Pressez les citrons. Mélangez bien le jus de citron, le jus de carottes et le jus de tomates. Ajoutez du sel de céleri, du poivre et, éventuellement, du Tabasco. Versez dans les verres, décorez et servez.

Pour aller plus vite, achetez du jus de légumes déjà mélangé (V8) ou n'utilisez que du jus de tomates; vous en trouverez sans aucune difficulté dans les supermarchés.

Tentation végétarienne

De plus en plus de personnes prennent un repas végétarien de temps en temps, tandis que d'autres préfèrent éliminer complètement la viande de leur alimentation. Le végétarisme est un régime alimentaire qui évite les produits d'origine animale. Dans la plupart des cas, cela signifie ne pas manger de viande et, parfois aussi, ne pas manger de poisson. Les végétariens complets ne consomment même pas de produits laitiers ni d'œufs.

Par 'repas végétarien', la plupart d'entre nous entendent un repas sans viande. Si nous nous contentons de supprimer la viande, le repas n'est souvent plus équilibré. De temps en temps, cela ne pose pas de problème: en effet, les Belges consomment en moyenne trop de viande. Mais quiconque opte régulièrement pour des repas végétariens doit veiller à éviter carences et déséquilibres. Pour ce faire, consultez un nutritionniste ou un diététicien (vous en trouverez l'adresse dans les Pages d'Or).

Si vous supprimez la viande, vous pouvez garantir l'apport en protéines de qualité en combinant, à chaque repas, des aliments issus de deux cases différentes du carré représenté ci-dessous. Des produits de substitution de la viande tels que le tofu, le seitan ou le quorn peuvent être consommés. De nos jours, le quorn, en particulier, est en vente dans les supermarchés, sous la forme de dés, de hachis, de burger ou d'escalope.

```
        Pommes de terre
           Céréales
          (pâtes, riz,
             pain...)
            Germes
              Noix

Légumineuses        Germes de blé

             Oeufs
        Produits laitiers
        (lait, fromage...)
```

Associations végétariennes de base: par exemple, un plat de pâtes ou de pommes de terre parsemé de fromage et gratiné au four, une omelette aux pommes de terre, un œuf sur le plat accompagné de haricots à la sauce tomate, à l'anglaise...

Gazpacho

À l'origine, le gazpacho, la célèbre soupe espagnole, était préparé dans un bol en terre. Il est servi froid.

INGRÉDIENTS (pour 6 à 8 personnes)

75 g de pain sans croûtes • 30 ml de vinaigre de vin rouge • 2 gousses d'ail • 2 concombres, avec la peau, coupés grossièrement • 1 oignon, coupé en petits morceaux • 1 poivron vert, haché grossièrement • 2 kg de tomates, épépinées et coupées en quatre • 125 ml d'huile d'olive • une pincée de sel et du poivre

PRÉPARATION

Émiettez le pain. Ajoutez le vinaigre, l'ail, les 3/4 d'un concombre, l'oignon, un demi-poivron, les tomates et un peu de sel. À l'aide d'un mixer, réduisez le mélange en purée, puis passez-le au tamis. Réservez la purée. Ajoutez l'huile d'olive, du poivre et, éventuellement, un peu de vinaigre et/ou d'eau. Juste avant de servir, coupez le reste des concombres et du poivron en petits dés. Déposez-les dans une assiette creuse et recouvrez-les de soupe. Servez avec du pain ou des croûtons.

🕐 Préparez le gazpacho deux heures à l'avance, couvrez-le et placez-le au réfrigérateur. Plus il infusera, meilleur il sera.

◑ Par temps chaud, accompagnez la soupe de quelques glaçons: rafraîchissant pendant les chaudes journées d'été.

☺ Pour les enfants, égayez la soupe au moyen de poivrons de différentes couleurs (oranges, jaunes, verts) que vous parsemez sur la soupe ou avec lesquels vous créez un dessin.

↺ Il reste de la soupe? Délicieuse comme en-cas!

Pâte d'aubergine

Cette sauce peut accompagner tous les types de pâtes, même les lasagnes végétariennes. Sa préparation est longue, mais elle en vaut la peine!

INGRÉDIENTS

450 g d'aubergines en dés • 4 tomates, pelées et émincées • 2 gousses d'ail, écrasées ou émincées • 1 petit piment rouge, épépiné et émincé • 2 cs d'huile d'olive • 200 ml d'eau • (60 ml de vin rouge) • 1 cc de sucre • 1 cube de bouillon de légumes • une poignée de basilic (frais) • 1 bouquet de persil (frais) • 1 sachet de poudre de safran • une demi-cc de poudre de paprika • poivre noir, sel

PRÉPARATION

Faites chauffer l'huile dans la poêle. Mélangez-y l'ail, le piment et la moitié du persil. Laissez mijoter à couvert pendant dix minutes, en mélangeant de temps en du temps. Ajoutez l'aubergine, le basilic, la moitié du persil, la moitié de l'eau et le cube de bouillon. Mélangez jusqu'à ce que le cube de bouillon soit dissout, couvrez et laissez cuire dix minutes en remuant. Ajoutez les tomates, le vin, le safran, le paprika, le piment et le sel ainsi que le reste d'eau. Mélangez bien et laissez cuire encore 30 à 40 minutes en mélangeant de temps en temps. Entre-temps, cuisez les pâtes selon les indications figurant sur l'emballage. Avant de servir, garnissez la sauce avec le reste du persil.

Si vous ne voulez pas que la sauce soit trop piquante, faites d'abord cuire le piment entier; retirez-le juste avant d'ajouter les aubergines.

Cette recette est encore meilleure si vous remplacez les tomates par des tomates cerises.

Plat de légumes grillés

Un délicieux plat végétarien de légumes au four.

INGRÉDIENTS

*1 courgette, coupée en morceaux grossiers • 3 to-
mates, en petits morceaux • 2 poivrons rouges,
coupés en dés • 1 gros oignon, en rondelles épaisses • 1 bulbe de fenouil, coupé en huit • 175 g de
grains de blé (type Ebly, Tarly) • 1 sachet de fromage italien râpé, type pecorino ou parmesan •
80 ml d'huile d'olive • 3 gousses d'ail (2 émincées,
1 écrasée) • 3 cs de pesto (voir page 120) •
1 cs de jus de citron • poivre, une pincée de sel*

PRÉPARATION

Préchauffez le four à 200°C. Déposez les légumes dans un
plat allant au four. Ajoutez-y la moitié de l'huile, le poivre
et l'ail haché. Faites griller les légumes une demi-heure en
mélangeant de temps en temps. Entre-temps, cuisez les
grains de blé selon les indications figurant sur l'emballage. Faites une sauce avec le pesto, le jus de citron, l'huile
restante et l'ail écrasé. Salez et poivrez. Mélangez avec les
morceaux de tomates. Répartissez d'abord les grains de
blé sur les assiettes, ajoutez par-dessus les légumes grillés,
ensuite la sauce et, pour finir, le fromage râpé.

Vous pouvez préparer le plat au moyen d'autres légumes
(champignons, poivrons, tout ce que vous trouverez).

S'il en reste, vous pouvez le manger à midi le jour suivant,
même froid.

Burgers végétariens

À toujours avoir dans le congélateur. Ils se combinent avec tout et, en plus, plaisent aux enfants.

INGRÉDIENTS

250 g de tofu (fromage de soja, en vente dans les supermarchés ou dans les magasins d'alimentation naturelle), égoutté et émietté • 50 g de boulgour (blé écrasé, en vente dans les supermarchés) • 50 g de carottes (râpées) • 50 g de champignons (émincés) • 1 petit oignon (émincé) • 2 cs de sauce de soja • 1 cc de farine (complète) • 1 cc de purée de tomates • une demie cc de basilic (frais) • une demie cc d'origan (frais) • poivre noir • huile

PRÉPARATION

Faites cuire le boulgour selon les indications du paquet. Ajoutez tous les autres ingrédients (sauf l'huile) et mélangez jusqu'à l'obtention d'une masse homogène. Humidifiez vos mains et façonnez huit burgers plats. Roulez-les dans un peu de farine, puis cuisez-les dans de l'huile, dans une poêle très chaude. Veillez à bien faire chauffer la poêle et l'huile avant de déposer les burgers dans la poêle, sans quoi ils se décomposeront. Une fois que les burgers ont pris une couleur brun doré, retirez-les de la poêle et tamponnez-les à l'aide d'essuie-tout. Servez avec des légumes et des pommes de terre, du riz, des pâtes ou d'autres céréales.

Les burgers cuits se conservent trois mois au congélateur. Réchauffez-les dans le four (à micro-ondes) ou sous le grill.

Accompagnés de légumes surgelés et d'un reste de riz, de pommes de terre ou de céréales du jour précédent, les burgers sont un repas 'vite prêt'.

Pour les enfants, servez le burger comme un véritable hamburger: dans un petit pain gris, avec des crudités et, éventuellement, de la sauce.

Mélange de cacahuètes et de légumes au wok

Un plat au wok à la classe particulière grâce aux cacahuètes rôties

INGRÉDIENTS

350 g d'oignons • 250 g de carottes • 250 g de courgettes • 250 g de céleri • 2 poivrons jaunes • 1 gousse d'ail • 1 petit piment rouge • 6 cs de jus d'orange • 3 cs d'huile • 1 dl de bouillon de légumes • 50 g de cacahuètes non épluchées • 1 cs de poudre de curry • cannelle • basilic (frais) • une pincée de sel et du poivre

PRÉPARATION

Nettoyez tous les légumes. Coupez les oignons en petits quartiers, les autres en bâtonnets ou en tranches. Mélangez les légumes avec l'ail écrasé, le jus d'orange, la poudre de curry et une pointe de cannelle. Laissez le tout mariner pendant une demi-heure. Épépinez le piment et coupez-le en petits morceaux. Faites rôtir les cacahuètes dans le wok très chaud, sans matière grasse. Lorsqu'elles ont bruni, retirez-les du wok. Faites chauffer l'huile dans le wok. Faites cuire les légumes marinés et le piment rouge dix minutes, en les mélangeant. Salez et poivrez, puis recouvrez de bouillon. Ajoutez les cacahuètes et parsemez de basilic haché. Accompagnez de riz.

 Mangez le reste le lendemain en salade froide. Vous pouvez même y mélanger le reste de riz.

Spaghettis végétariens

Une alternative de choix aux spaghettis bolognaise classiques.

INGRÉDIENTS

500 g de spaghettis (complets) • 800 g de tomates (en boîte), découpées en dés • 400 g d'oignons (en morceaux) • 200 g de carottes (en rondelles) • 200 g de champignons (en tranches) • 4 pieds de céleri en branches • 2 poivrons (en morceaux) • 2 gousses d'ail (écrasées ou en morceaux) • 600 ml de bouillon de légumes ou d'eau (1 cube de bouillon par demi-litre d'eau) • 4 cs d'huile d'olive • 2 cs de purée de tomates • 1 cc de basilic (frais) • 1 cc d'origan (frais) • une demi-cc de noix de muscade • poivre noir, une pincée de sel • du parmesan ou un autre fromage (fraîchement) râpé

PRÉPARATION

Faites revenir les oignons et l'ail dans l'huile. Ajoutez-y tous les ingrédients (sauf les spaghettis et le fromage). Mélangez bien et amenez à ébullition. Laissez la sauce cuire doucement pendant vingt minutes, jusqu'à ce que les légumes soient bien cuits. Entre-temps, cuisez les spaghettis selon les indications figurant sur l'emballage. Servez avec le fromage râpé.

Ce plat reste végétarien si vous utilisez du quorn haché ou tout autre aliment végétarien haché. Avec de la viande hachée, il devient une sauce bolognaise classique. Commencez toujours par faire brunir le hachis avec l'ail et l'oignon, puis ajoutez le reste des légumes.

Ces spaghettis végétariens ne manqueront pas de plaire aussi aux enfants.

Les restes peuvent être congelés et utilisés une autre fois pour un plat de spaghettis 'vite prêts'.

Chili sin carne

La version végétarienne du 'chili con carne'.

INGRÉDIENTS

400 g de haricots rouges en boîte • 400 g de quorn haché • la chair de 4 tomates (en dés) • 2 carottes (en fines rondelles) • 1 échalote (en fines lanières) • huile d'olive • 1 branche de sarriette • basilic (frais) • piment en poudre ou poivre de Cayenne • une pincée de sel

PRÉPARATION

Réchauffez les haricots avec la sarriette. Faites mijoter les carottes, les tomates et l'échalote dans l'huile, pendant un quart d'heure à feu doux. Ajoutez le quorn haché, le piment en poudre ou le poivre de Cayenne et une pincée de sel. Laissez le mélange chauffer pendant quelques minutes encore, sans cesser de remuer. Egouttez les haricots et ajoutez-les. Laissez mijoter encore un peu, saupoudrez de basilic haché et servez très chaud. Accompagnez de riz ou de pain.

En à peine une demi-heure, vous disposez d'un repas chaud, sain et savoureux!

Pot-au-feu végétarien

Plat unique facile à préparer pour les vrais végétariens.

INGRÉDIENTS

600 g de pois chiches (en boîte), rincés à l'eau et égouttés • 400 g de tomates • 1 poivron jaune et 1 poivron rouge (hachés finement) • 1 gros oignon (en morceaux fins) • 3 gousses d'ail (écrasées) • 2 cs d'huile d'olive • 250 ml de bouillon de légumes • 1 piment d'Espagne, épépiné et haché finement • 3 cs de persil (frais)

PRÉPARATION

Faites revenir l'oignon dans l'huile, ajoutez l'ail et laissez cuire encore un peu. Ajoutez les poivrons et le piment, laissez sur le feu jusqu'à ce que les poivrons soient cuits. Remuez de temps en temps. Ajoutez les tomates et le bouillon. Laissez mijoter un quart d'heure. Au cours des cinq dernières minutes, ajoutez les pois chiches. Saupoudrez de persil et servez avec du riz, du couscous, du boulgour ou d'autres céréales.

Hyper-rapide!

Pâtes à la génoise

La préparation de ce repas est hyper-rapide.

INGRÉDIENTS

500 g de penne (ou d'autres pâtes) • 500 g de haricots verts • 300 g de pecorino ou de parmesan • 100 g de pesto (en vente dans les supermarchés)

PRÉPARATION

Faites cuire les pâtes selon les indications figurant sur l'emballage. Cuisez les haricots verts jusqu'à ce qu'ils soient encore fermes, c'est-à-dire 'al dente'. Mélangez bien les pâtes avec les haricots, le fromage en copeaux (pour obtenir des copeaux de fromage, utilisez un économe pour les pommes de terre ou une râpe) et le pesto.

Ce plat est prêt en moins d'une demi-heure! Si vous voulez aller encore plus vite, vous pouvez cuire les haricots verts au micro-ondes.

Si vous disposez de plus de temps ou si vous voulez servir un plat spécial, préparez le pesto vous-même (voir page 120).

Tarte au riz

Un plat au four particulier qui est aussi un plat unique.

INGRÉDIENTS

600 g de tomates tamisées, en boîte ou fraîches (émincées) • 400 g de riz • 2 petites boules de mozzarella (= 2 x 125 g) • 60 g de parmesan râpé • 1 petit oignon (coupé en petits morceaux) • 4 cs d'huile d'olive • basilic et origan (frais) • poivre de Cayenne • une pincée de sel • 1 papier sulfurisé

PRÉPARATION

Faites revenir l'oignon dans l'huile d'olive. Ajoutez les tomates et les épices (sauf le basilic) et laissez mijoter à couvert pendant dix minutes à feu doux. Faites cuire le riz selon les indications figurant sur l'emballage. Mélangez avec le parmesan, deux tiers de la sauce tomate et 1 cc de basilic haché. Versez une petite épaisseur du mélange de riz dans un moule à tarte, sur un papier sulfurisé. Comprimez bien et garnissez au moyen d'une partie de la mozzarella coupée en tranches. Recouvrez d'une couche de riz, comprimez et versez le reste de la sauce tomate. Terminez par une couche de mozzarella. Faites cuire la tarte vingt minutes dans un four préchauffé à 200°.

Le reste de ce plat peut également être consommé le lendemain, froid ou réchauffé au four (à micro-ondes).

Les enfants apprécient aussi cette tarte originale!

Brochettes de tofu à la sauce aux cacahuètes

Le tofu, ou fromage de soja, est en vente dans la plupart des magasins d'alimentation naturelle et même parfois dans les supermarchés. Il a peu de goût en soi et peut donc servir de produit de substitution de la viande dans tous les plats, comme avec cette sauce aux cacahuètes.

INGRÉDIENTS

400 g de tofu (en dés) • 250 g de champignons • 1 poivron (en morceaux) • 2 oignons, dont un coupé en quatre • 2 mandarines ou 1 orange (en quartiers) • 1 petit piment rouge • 1 gousse d'ail • 4 cs de beurre de cacahuète • 4 cs d'huile • 1 cc de miel • un demi l de bouillon de légumes (1 cube de bouillon) • poivre, une pincée de sel • jus de citron

PRÉPARATION

Faites chauffer le bouillon et ajoutez-y le tofu, l'oignon coupé en quatre et le piment. Laissez cuire pendant une demi-heure. Entre-temps, préparez la sauce aux cacahuètes: faites revenir l'oignon avec l'ail dans la moitié de l'huile, ajoutez le beurre de cacahuète et le miel, poivrez, salez et ajoutez quelques gouttes de jus de citron. Après une demi-heure, sortez tout du bouillon et cuisez-y les champignons et le poivron pendant cinq minutes. Faites cuire le tofu dans l'autre moitié de l'huile et tamponnez-le à l'aide d'essuie-tout. Piquez le tofu, les légumes (sauf l'oignon) et les quartiers de mandarine en alternance sur quatre piques à brochette. Servez avec la sauce aux cacahuètes, du riz et, éventuellement, une salade de crudités.

Pour aller plus vite, préparez les légumes au micro-ondes et cuisez le tofu immédiatement, sans précuisson. Toutefois, dans ce cas, assaisonnez chaque ingrédient séparément.

Les consommateurs de viande peuvent remplacer le tofu de cette recette par des dés de viande (p.e. du poulet).

Carpaccio de légumes

Une alternative au carpaccio classique de bœuf.

INGRÉDIENTS

2 petites courgettes • 100 g de parmesan • 50 g de roquette, de cresson ou de mâche • jus de 1 citron • 3 cs d'huile d'olive • 3 cs de pesto rouge ou de vinaigre balsamique • poivre, une pincée de sel

PRÉPARATION

Pelez les courgettes et coupez-les en tranches très fines dans le sens de la longueur. Répartissez les tranches sur les assiettes, sur un lit de salade. Parsemez-les de copeaux de parmesan que vous obtiendrez en pelant à proprement parler le fromage au moyen d'un économe. Vous pouvez aussi tout simplement couper le fromage en tranches très fines. Saupoudrez de poivre, d'un peu de sel et de jus de citron. Mélangez l'huile avec le pesto ou le vinaigre. Garnissez les assiettes de sauce. Accompagnez de pain.

Vous pouvez remplacer les courgettes par des champignons, des shiitakes ou des cèpes.

Les olives, des amuse-gueule sains à l'apéritif
(voir p. 15)

Plat de légumes grillés,
présenté ici avec des légumes en tranches
(voir p. 23)

Du curry de poisson, servi avec du couscous
(voir p. 38)

Panzanella
(voir p. 64)

Pizza

Une pizza facile à préparer, que vous pouvez aussi utiliser comme recette de base avec toutes sortes de garnitures (viande, poisson, fromage).

INGRÉDIENTS

1 pâte à pizza (supermarché) • 600 g de tomates • 200 g de fromage au lait de brebis • 1 oignon • 10 olives • 2 gousses d'ail • 2 cs d'huile d'olive • herbes de Provence

PRÉPARATION

Préparez la pâte à pizza selon les indications figurant sur l'emballage. Plongez les tomates dans de l'eau bouillante et passez-les sous l'eau froide afin de pouvoir les peler facilement. Coupez la chair en petits morceaux. Émincez l'oignon et l'ail. Faites revenir l'oignon et l'ail dans l'huile. Mélangez-y les tomates, salez et poivrez. Faites réduire à feu doux jusqu'à ce que la sauce soit suffisamment épaisse. Versez la sauce sur le fond de pizza et répartissez les dés de fromage par-dessus. Saupoudrez de poivre noir fraîchement moulu et d'herbes de Provence, puis garnissez avec les olives.

Vous pouvez 'enrichir' la pizza avec des courgettes, des aubergines ou des poivrons supplémentaires, coupés en dés et répartis au-dessus de la sauce, comme le fromage.

Le poisson, injustement délaissé

Nous sommes nombreux à ne pas manger suffisamment de poisson. Nous devrions pourtant l'inscrire systématiquement au menu deux fois par semaine. C'est pourquoi nous vous proposons plusieurs recettes qui prouvent que préparer du poisson peut aussi être simple et rapide.

Scampis aux épinards

Une variante d'un grand classique.

INGRÉDIENTS

*1 kg d'épinards en branches • 250 g de riz •
16 grands scampis (décortiqués) • 3 oignons (finement hachés) • 2 gousses d'ail (finement hachées)
• 4 cs d'huile ou de margarine végétale • poivre,
noix de muscade, fines herbes, une pincée de sel*

PRÉPARATION

Rincez les scampis à l'eau froide et séchez-les à l'aide de papier essuie-tout. Faites cuire les épinards et jetez le jus excédentaire. Cuisez le riz selon les indications figurant sur l'emballage. Faites revenir les oignons et l'ail dans l'huile ou la margarine (dans un wok ou une poêle large et profonde) jusqu'à ce qu'ils deviennent translucides; faites-y également revenir les scampis très brièvement. Mélangez les épinards et le riz, poivrez, ajoutez la noix de muscade, les fines herbes et une pincée de sel. Laissez cuire le tout en remuant constamment. Vous pouvez aussi placer la préparation dans un plat en pyrex et le laisser trois à quatre minutes sous le grill.

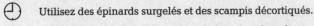

⏲ Utilisez des épinards surgelés et des scampis décortiqués.

◑ Faites fondre quelques morceaux de feta dans la préparation, vous obtiendrez une saveur tout à fait particulière.

€ Vous pouvez remplacer les scampis par du poisson.

☺ Cette recette plaît également aux enfants.

Saumon aux brocolis et aux tomates

Extrêmement simple, sain et original.

INGRÉDIENTS

4 noix de saumon d'environ 150 g chacune • 1 kg de brocolis • 4 tomates • 3 cs d'huile ou de margarine végétale • poivre (noir), une pincée de sel

PRÉPARATION

Faites cuire les brocolis, découpez-les en rosettes et coupez les tomates en quartiers. Faites cuire les noix de saumon dans 2 cuillers à soupe d'huile ou de margarine, salez, poivrez et mettez-les sur le côté de la poêle lorsqu'elles sont presque cuites. Faites cuire les tomates et les brocolis dans le reste d'huile ou de margarine, assaisonnez avec du poivre du moulin. Servez avec des pommes de terre cuites à l'eau (en robe des champs).

Une préparation ultrarapide: moins d'une demi-heure. Le four à micro-ondes permet de cuire les brocolis très rapidement.

Pour aller plus vite, utilisez des brocolis surgelés.

Utilisez du saumon surgelé au lieu de saumon frais: il est souvent meilleur marché.

Accommodez les restes en mêlant le saumon au mélange brocolis-tomates; ajoutez éventuellement le reste des pommes de terre, des spirellis cuits ou d'autres petites pâtes, ou encore du riz. N'oubliez pas de rectifier l'assaisonnement. Un lunch froid délicieux pour le lendemain.

Pâtes au thon

Une recette à la fois simple et délicieuse.

INGRÉDIENTS

500 g de pâtes • 400 g de tomates en boîte ou fraîches (en morceaux) • 175 g de thon à l'huile d'olive, en boîte • 1 petit oignon (finement haché) • 8 olives (de préférence dénoyautées) noires (découpées en petites rondelles) • 1 gousse d'ail (finement hachée) • 2 cs d'huile d'olive • 45 ml de vin blanc sec • 2 cc d'origan (frais) • poivre noir (fraîchement moulu), une pincée de sel

PRÉPARATION

Chauffez l'huile, faites-y revenir l'oignon et l'ail jusqu'à ce qu'ils deviennent translucides. Ajoutez les tomates et portez à ébullition; versez le vin blanc et laissez cuire une minute. Mélangez les olives, l'origan, le poivre et une pincée de sel. Laissez cuire à couvert de 20 à 25 minutes, en remuant de temps en temps. Faites cuire les pâtes selon les indications figurant sur l'emballage. Égouttez le thon et émiettez-le à l'aide d'une fourchette. Ajoutez le thon à la sauce, ainsi que 4 cuillers à soupe d'eau de cuisson des pâtes. Égouttez les pâtes et mélangez-les à la sauce. Parsemez d'origan.

☺ Le goût de cette savoureuse recette de poisson sans arêtes rappelle celui d'une sauce à base de viande.

☺ N'hésitez pas à faire découvrir cette recette aux enfants.

Poisson à la purée de légumes

À essayer avec les enfants!

INGRÉDIENTS

4 filets de poisson de 100 à 150 g (barbue ou plie, par ex.) • *1 grand chou-fleur (parfaitement cuit)* • *2 cs de crème allégée* • *2 cs d'huile d'olive* • *2 cs de margarine végétale* • *2 cs de persil haché (frais)* • *1 cc de noix de muscade* • *poivre*

PRÉPARATION

Réduisez le chou-fleur en purée, mélangez-le à la crème, la margarine, la noix de muscade et la moitié du persil. Poivrez et salez (un peu) les filets de poisson, cuisez-les à la vapeur ou pochez-les. Parsemez du reste de persil et de poivre. Servez avec des pommes de terre cuites à l'eau, relevées d'huile d'olive et de poivre, ou mélangez la purée de chou-fleur avec la purée de pommes de terre.

Remplacez le chou-fleur par du céleri rave, des carottes, des brocolis, etc.

Vous pouvez aussi cuire le poisson au four à micro-ondes.

Pour une présentation plus soignée, enroulez les filets de poisson avant de les cuire et maintenez-les en place à l'aide d'un cure-dent.

Cette recette plaît aussi tout particulièrement aux enfants.

Curry de poisson

Une variante à base de poisson, pour changer du curry oriental à la viande

INGRÉDIENTS

environ 600 g de filets de poisson blanc (cabillaud, par ex.) (en petits morceaux) • 2 bananes (en rondelles) • 250 g de petits pois (cuits) • 250 g de petites carottes (en rondelles et cuites) • 1 petite pomme (en petits morceaux) • 1 oignon (finement haché) • 1 cs d'huile d'olive ou de margarine végétale • 1 à 2 cuillers à thé de curry • paprika en poudre • poivre fraîchement moulu • persil haché (frais) • une pincée de sel

PRÉPARATION

Assaisonnez le poisson avec le mélange de curry et de paprika en poudre. Faites revenir l'oignon dans l'huile jusqu'à ce qu'il devienne translucide. Ajoutez le poisson et faites cuire le tout trois minutes, en remuant constamment. Ajoutez les autres légumes et les fruits, augmentez le feu et laissez mijoter trois à cinq minutes. Assaisonnez à l'aide du poivre, du paprika et du curry. Parsemez de persil et servez avec du riz.

 Le four à micro-ondes est le moyen le plus rapide pour cuire les carottes. Vous pouvez aussi utiliser des petits pois surgelés. Une autre solution rapide – qui est toutefois moins saine – consiste à utiliser des petits pois et des carottes en conserve.

Poisson au four

Une cuisson au four qui convient à chaque saison.

INGRÉDIENTS

4 filets de poisson blanc (lieu, merlan, cabillaud, par ex.) d'environ 150 g chacun • 4 tomates • 250 g de champignons • 4 échalotes • le jus d'1 citron • 2 cs d'huile • 2 cc de persil haché (frais) • 1 cc rase de curry

PRÉPARATION

Passez le poisson sous l'eau froide et épongez-le avec du papier essuie-tout. Déposez les filets dans un plat allant au four préalablement graissé. Ajoutez les tranches de tomates et les champignons, émincés également. Parsemez avec l'échalote hachée, le curry, le jus de citron, l'huile et couvrez le plat d'une feuille d'aluminium. Préchauffez le four un quart d'heure à 180° et faites cuire une demi-heure. Parsemez de persil juste avant de servir. Accompagnez de pommes de terre cuites à l'eau, de pommes de terre en robe des champs ou de purée.

Placez des lamelles de pommes de terre ou une couche de purée dans le plat pour obtenir un plat unique. Comptez dix minutes de cuisson supplémentaires si les pommes de terre sont ajoutées crues.

Saumon fumé aux asperges et aux œufs

Délicieusement rafraîchissant à la saison des asperges, mais cette recette peut tout aussi bien être réalisée avec des asperges en bocal ou en boîte.

INGRÉDIENTS

800 g d'asperges (cuites) • 400 à 600 g de saumon fumé • 4 œufs • aneth (frais) • poivre, une pincée de sel

PRÉPARATION

Placez les asperges sur les assiettes et disposez joliment le saumon fumé par-dessus. Parsemez d'aneth. Faites cuire les œufs brouillés, salez et poivrez. Répartissez sur les assiettes et accompagnez d'une purée de pommes de terre.

 Prêt en un rien de temps!

Vous pouvez servir ce plat avec des asperges chaudes ou froides.

Burgers de poisson

Les enfants en raffolent!

INGRÉDIENTS

1 l de bouillon de poisson • 500 g de filet de cabillaud • 500 g de purée de pommes de terre • 150 g de margarine végétale • 75 g de chapelure • 1 cs de persil haché (frais) • 1 pointe de couteau de paprika en poudre • poivre, une pincée de sel

PRÉPARATION

Préparez la purée de pommes de terre. Faites pocher le poisson dans le bouillon, laissez-le refroidir et ôtez les arêtes éventuelles. Mélangez le cabillaud, la purée, le persil, du poivre, le paprika et un peu de sel. Formez ensuite des burgers de poisson, passez-les dans la chapelure et cuisez-les trois à quatre minutes de chaque côté, jusqu'à ce qu'ils soient bien dorés. Accompagnez de légumes chauds ou froids.

Vous pouvez congeler les burgers cuits et les réchauffer brièvement au four (à micro-ondes).

Une recette idéale pour faire découvrir le poisson aux enfants.

Poisson en papillote

Une cuisson au four légère, présentée de façon originale.

INGRÉDIENTS

4 poissons (des truites, par exemple) ou des filets de poisson (d'environ 150 g chacun) • *400 g de légumes de saison (coupés très finement)* • *1 échalote (finement hachée)* • *2 cs d'huile ou de margarine végétale* • *aneth (frais), poivre et une pincée de sel*

PRÉPARATION

Lavez les filets de poisson et séchez-les à l'aide de papier essuie-tout. Prenez quatre morceaux de feuille d'aluminium ou de papier de cuisson de 30 x 30 cm. Graissez-les et déposez-y le poisson. Posez les légumes et l'échalote sur le poisson, refermez bien la papillote. Mettez les papillotes dans le four préchauffé (200°) et faites cuire le poisson une petite demi-heure. Servez avec des pommes de terre ou du riz.

 Pour une occasion spéciale ou une saveur additionnelle, ajoutez trois cuillers à soupe de vin blanc à chaque papillote avant de les placer dans le four.

 Choisissez un poisson en promotion ou du poisson surgelé. Pratiquement toutes les sortes de poissons se prêtent à cette recette.

Waterzooï

Une alternative au traditionnel waterzooï gantois. La toute première version était d'ailleurs à base de poisson!

INGRÉDIENTS

400-600 g de filets de cabillaud ou d'un autre poisson blanc • 3 tomates • 2 oignons (hachés) • 2 endives (émincées en rondelles) • le jus d'1 citron • 4 cs de margarine végétale • 100 ml de vin blanc sec • 150 ml de fumet de poisson • persil (frais) • un peu de ciboulette (frais) • poivre, une pincée de sel

PRÉPARATION

Mélangez les endives, les oignons, la margarine, le vin et le jus de citron dans une marmite. Pelez les tomates en les laissant quelques instants dans l'eau bouillante et en les passant ensuite rapidement sous l'eau froide. Découpez les tomates en petits morceaux et ajoutez-les dans la marmite, avec le fumet de poisson. Couvrez et laissez cuire une demi-heure à feu doux. Découpez les filets de cabillaud en morceaux et ajoutez-les à la préparation. Laissez cuire encore six minutes environ, avec le couvercle. Poivrez et ajoutez une pincée de sel. Terminez en décorant de persil et de ciboulette, servez avec des pommes de terre cuites à l'eau.

Vous pouvez remplacer les endives par des poireaux, du céleri et des carottes.

Si vous le souhaitez, vous pouvez lier davantage la soupe à l'aide d'un jaune d'œuf et un peu de crème allégée, indispensable au 'véritable' waterzooï.

Filets de poisson aux épinards

Réalisée avec des filets de sole, cette recette d'origine italienne nous vient de Toscane.

INGRÉDIENTS

4 filets de poisson blanc d'env. 100 à 150 g • 750 g d'épinards en branches • le jus d'un demi-citron • 2 gousses d'ail (pressées) • 2 cs de vin blanc sec • 2 cs de margarine végétale • poivre, une pincée de sel • 1 petit oignon • 4 cs de parmesan • thym (frais)

(Pour la sauce: la recette de base figure dans la recette "Endives au jambon et au fromage" de la section "La viande a aussi sa place dans une alimentation saine" - voir plus loin).

PRÉPARATION

Faites cuire les épinards avec le vin blanc, l'ail, le poivre et un peu de sel. Préparez entre-temps la sauce au fromage avec le parmesan; ajoutez le thym et l'oignon finement haché. Mettez la moitié du poisson dans un plat allant au four, puis les épinards, et terminez par une couche de poisson. Nappez de sauce et faites cuire au four environ 12 minutes à 180°C. Servez avec des pommes de terre cuites à l'eau ou des pommes de terre en robe des champs.

☺ Le plat de poisson favori de nombreux enfants.

Moules

Un délice bien de chez nous! Un plat vite prêt et très léger.

INGRÉDIENTS

*3 à 4 kg de moules • 3 oignons • 1 céleri vert •
1 poireau • 1 carotte • thym (frais), laurier, basilic
(frais), romarin (frais) • poivre, une pincée de sel*

PRÉPARATION

Lavez les moules sous l'eau courante. Mettez-les dans une
casserole à feu vif, sans eau. Posez les légumes grossièrement découpés sur les moules et ajoutez les herbes aromatiques. Faites cuire le tout et secouez de temps en temps.
Poursuivez la cuisson un instant et secouez encore une
fois. Vérifiez si les moules sont presque toutes ouvertes.
Servez avec du pain.

 Jetez les moules qui sont restées fermées, pour éviter
toute mauvaise surprise.

Scampis au wok à la chinoise

Une recette typiquement asiatique qui mêle pousses de soja, sauce de soja et coriandre.

INGRÉDIENTS

800 g de légumes en mélange à faire sauter (préemballés au rayon frais ou surgelés, disponibles au supermarché) • 400 g de pousses de soja • 24 scampis décortiqués • 4 cs de coriandre hachée • 4 cc d'huile • sauce de soja • poivre, une pincée de sel

PRÉPARATION

Faites sauter le mélange de légumes et les pousses de soja dans l'huile, jusqu'à ce qu'ils soient cuits à point. Ajoutez les scampis et poursuivez la cuisson jusqu'à ce qu'ils soient cuits. Assaisonnez à votre goût avec la sauce de soja, du poivre et, éventuellement, un peu de sel. Laissez mijoter quelques instants. Parsemez de coriandre hachée.

Vous pouvez remplacer la coriandre fraîche (en tout ou en partie) par des graines de coriandre écrasées. Broyez ces dernières à l'aide d'une cuiller, d'une bouteille en verre ou d'un rouleau à pâtisserie. Vous pouvez aussi utiliser un moulin à poivre pour les moudre.

Poisson aux anchois

La recette initiale est préparée avec de la lotte, mais n'importe quel poisson blanc convient.

INGRÉDIENTS

4 filets de poisson blanc (du cabillaud, par exemple) (de 100-150 g chacun) • 800 g de tomates (coupées en deux et évidées) • 1 petite boîte de filets d'anchois • 1 petit pot de câpres • basilic (frais) • 100 g de fromage Nazareth (ou autre) râpé • 4 cs de margarine végétale

PRÉPARATION

Parsemez de sel et de poivre un plat allant au four préalablement graissé; déposez les filets de poisson dans le plat. Placez ensuite les filets d'anchois en diagonale. Répartissez les câpres égouttés par-dessus, ainsi que quelques noisettes de margarine. Faites cuire sept minutes au four à micro-ondes, puissance maximale. Faites gratiner deux minutes sous le grill. Parsemez les tomates de basilic et de fromage râpé, faites-les gratiner sous le grill. Servez le poisson et les tomates avec des pommes de terre cuites à l'eau, en robe des champs ou en purée.

 Arrosez le poisson avec un peu de vin blanc sec avant de l'enfourner.

La viande
a aussi sa place dans une alimentation saine

Nos repas chauds incluent traditionnellement de la viande. Remplacer cette dernière par du poisson ou un repas végétarien deux fois par semaine ne pose toutefois aucun problème. L'idéal est de consommer de la volaille deux fois par semaine et de ne pas inscrire la viande rouge au menu plus de deux fois par semaine.

Saltimbocca de poulet

Un classique italien, proposé dans une version très simple.

INGRÉDIENTS

2 poitrines de poulet • 8 tomates séchées au soleil, marinées à l'huile • 4 grandes feuilles de sauge (frais) • 1 verre de vin blanc ou de bouillon • du poivre blanc et une pincée de sel

PRÉPARATION

Coupez les poitrines de poulet en deux dans le sens de la longueur et aplatissez-les. Déposez une feuille de sauge et deux tomates séchées sur chaque moitié. Poivrez et salez (un peu). Enroulez les filets et maintenez-les à l'aide d'un cure-dent. Faites dorer les roulades dans une poêle et gardez-les au chaud. Jetez la graisse de la poêle, ajoutez le vin blanc ou le bouillon. Remettez le poulet dans la poêle et laissez mijoter dix minutes. Servez les roulades entières ou découpées en tranches; accompagnez d'une salade de tomates (fraîches) ou d'épinards (parsemés de copeaux de parmesan), ainsi que de pâtes auxquelles vous aurez ajouté un peu de sauce tomate.

Dans la version classique, les saltimbocca se préparent aussi avec du filet de veau ou de fines escalopes de porc, en y enroulant du jambon italien et, éventuellement, de la mozzarella.

Côtelettes d'agneau et chutney de mangue

Une recette originale, aux notes fruitées et exotiques.

INGRÉDIENTS

8 côtelettes d'agneau (d'environ 100 g chacune) • 3 cs d'huile aromatisée à l'ail • des herbes de Provence • poivre et sel

(pour le chutney: voir page 121; vous pouvez aussi trouver du chutney prêt à l'emploi au supermarché.)

PRÉPARATION

Enduisez les côtelettes d'huile à l'ail et réservez-les en les couvrant. Préparez le chutney de mangue si vous souhaitez le réaliser vous-même. Faites griller les côtelettes cinq minutes de chaque côté. Assaisonnez. Servez avec le chutney légèrement refroidi et du pain (turc ou marocain).

Voilà un repas du soir ultrarapide si vous achetez du chutney prêt à l'emploi ou si vous le préparez à l'avance; vous gagnerez encore du temps en faisant mariner les côtelettes à l'avance ou en les achetant déjà marinées. Cette recette aux notes exotiques convient aussi pour un repas improvisé.

Vous pouvez servir le reste de chutney le lendemain pour accompagner une salade, des scampis ou du poulet.

Bœuf Strogonoff

Un grand classique, toujours apprécié en hiver.

INGRÉDIENTS

600 g de filet de bœuf (en fines lanières) • 500 g de champignons (découpés en lamelles) • 250 ml de bouillon de poule • 100 ml de crème aigre • 3 échalotes (finement hachées) • 25 ml de vinaigre de vin blanc • (2 cs de genièvre) • 2 cs d'huile ou de margarine végétale • 1 cs de paprika en poudre

PRÉPARATION

Faites brunir légèrement la viande dans la matière grasse. Réservez la viande et faites revenir les échalotes dans la même poêle, jusqu'à ce qu'elles soient tendres. Ajoutez ensuite les champignons et le paprika et laissez cuire jusqu'à ce que pratiquement tout le jus de cuisson se soit évaporé. Ajoutez le vinaigre et laissez cuire de nouveau jusqu'à évaporation. Faites de même avec le genièvre. Ajoutez le bouillon et faites réduire de moitié. Mélangez avec la viande et la crème. Servez avec du riz.

 Vous donnerez à ce plat une touche originale en faisant cuire des légumes finement découpés avec le riz.

Curry de poulet aux champignons

Un plat aux accents orientaux, original et simple à préparer. Pour se faire plaisir pendant la semaine.

INGRÉDIENTS

750 g de champignons (coupés en quatre) • 400 à 600 g de dés de poulet ou de dinde • 450 g de poireaux (coupés en rondelles) • 200 g de noix de coco (râpée) • 3 gousses d'ail (pressées) • 2 cm de gingembre frais (râpé) • 4 cs d'huile • 2 cs de jus de citron • 4 cc de curry en poudre • poivre (noir) fraîchement moulu et un peu de sel

PRÉPARATION

Faites revenir les dés de poulet dans l'huile jusqu'à ce qu'ils soient dorés et ajoutez alors les poireaux, les champignons, l'ail, le gingembre et les épices. Laissez mijoter à feu doux jusqu'à ce que les légumes soient cuits. Parsemez de noix de coco râpée et laissez cuire encore quelques minutes. Ajoutez le jus de citron, du poivre, une pincée de sel et, éventuellement, un peu d'eau. Servez avec du riz.

Le plus simple est de préparer ce plat dans un wok.

Vous pouvez aussi remplacer les poireaux (en partie) par des oignons ou des échalotes.

Utilisez de la lime au lieu du citron.

Pour obtenir un plat végétarien, remplacez les dés de poulet ou de dinde par des morceaux de quorn.

Si vous souhaitez une saveur un peu plus douce, ajoutez quelques raisins secs que vous aurez préalablement fait gonfler dans de l'eau chaude ou du thé.

Minestrone

Un classique italien ultrarapide à préparer au micro-ondes.

INGRÉDIENTS

*200 g de lard maigre (en dés) • 2 oignons (grossiè-
rement hachés) • 2 tiges de céleri (en rondelles) •
2 carottes (en rondelles) • 2 petites courgettes (en
dés) • 100 g de haricots princesse (en morceaux) •
4 pommes de terre • 2 gousses d'ail (grossièrement
hachées) • 70 g de concentré de tomates • 50 g de
petites pâtes (coquillettes, coudes, par ex.) • 1 l de
bouillon de viande (dégraissé) • 4 cs d'huile d'olive
• thym (frais), romarin (frais), persil (frais), poivre,
une pincée de sel • parmesan râpé*

PRÉPARATION

Faites revenir l'oignon et l'ail dans une petite poêle jusqu'à ce qu'ils soient translucides, en même temps que le
lard. Mélangez le lard, l'oignon, l'ail, les légumes, l'huile,
le bouillon et le concentré de tomates dans un plat allant
au four à micro-ondes. Couvrez le plat et faites cuire huit
minutes aux trois quarts de la puissance maximale. Ajoutez les pâtes, le thym et le romarin, salez (un peu) et poivrez, faites cuire de la même façon pendant dix minutes.
Vérifiez si tous les ingrédients sont cuits, versez dans des
assiettes creuses et parsemez de persil et de fromage. Accompagnez de pain (italien).

◑ Vous pouvez également opter pour une autre viande que
le lard – du jambon ou du poulet, par exemple.

◑ Cette soupe peut bien entendu être préparée de manière
classique sur une taque de cuisson.

Poulet aigre-doux

Un plat extrêmement simple à préparer, malgré le grand nombre d'ingrédients.

INGRÉDIENTS

400 g de filet de poulet • 2 poivrons verts • 160 g d'ananas • 1 oignon • 2 carottes • 2 cs de graisse à cuire • 2 gousses d'ail

Pour la sauce:
4 cc de farine • 200 ml d'eau • 8 cs de jus d'ananas • 4 cs de vergeoise • 4 cs de ketchup • 8 cc de vinaigre de vin blanc • 4 cc de sauce soja

PRÉPARATION

Mélangez tous les ingrédients de la sauce dans un bol. Faites revenir dans l'huile l'oignon finement haché, l'ail, les carottes, les poivrons, l'ananas et les morceaux de poulet pendant cinq minutes. Ajoutez la sauce et laissez mijoter dix minutes à feu doux. Servez avec du riz.

À faire découvrir aux enfants!

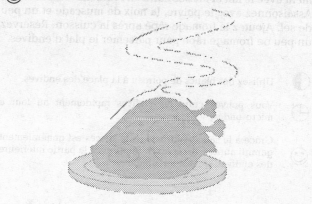

Endives au jambon et au fromage

Un grand classique belge.

INGRÉDIENTS

8 endives • 8 tranches de jambon (dégraissé)

Pour la sauce:
500 ml de lait (demi-écrémé) • 75 g de fromage (allégé) • 50 g de farine • 40 g de margarine végétale • poivre, noix de muscade, une pincée de sel

PRÉPARATION

Faites cuire les endives et égouttez-les soigneusement. Préparez la sauce pendant ce temps. Enroulez l'endive dans le jambon. Versez un peu de sauce dans un plat allant au four et déposez-y les roulades. Parsemez du reste de fromage râpé. Faites gratiner sous le grill. Servez avec des pommes de terre cuites à l'eau.

Pour la sauce:
Faites fondre la margarine, ajoutez la farine en mélangeant et laissez cuire un instant. Mouillez progressivement avec le lait et laissez cuire en remuant constamment. Assaisonnez avec le poivre, la noix de muscade et un peu de sel. Ajoutez le fromage râpé après la cuisson. Réservez un peu de fromage râpé pour parsemer le plat d'endives.

Utilisez des blancs de poireau à la place des endives.

Vous pouvez cuire les endives rapidement au four à micro-ondes.

Grâce à la sauce au fromage, le succès est généralement garanti auprès des enfants. Supprimez la partie inférieure des endives, qui est fort amère.

Bœuf au wok

Une recette asiatique qui peut aussi se préparer dans une casserole ordinaire.

INGRÉDIENTS

600 g de viande de bœuf • 100 g de pousses de soja • 1 blanc de poireau (en rondelles) • 6 cs de sauce soja • 2 cs de vinaigre balsamique • 2 cm de gingembre frais, finement haché • de l'ail (finement haché) • 4 cs d'huile • 1 cc de sucre • 1 cc de curry • coriandre (fraîche) • pignons de pin

PRÉPARATION

Découpez la viande en dés ou en lanières, mélangez-la avec le sucre, le curry, la sauce soja et le vinaigre. Faites revenir le tout trois minutes dans l'huile et ajoutez le gingembre, les rondelles de poireau et les pousses de soja. Faites cuire en remuant jusqu'à ce que la viande et les légumes soient cuits. Parsemez de coriandre hachée et de pignons de pin. Servez avec du riz.

Vous pouvez congeler la coriandre fraîche, de façon à en avoir toujours sous la main.

Cette recette sera encore plus savoureuse si vous grillez au préalable les pignons de pin dans une poêle chaude.

Poivrons farcis
à la viande shoarma

Vous connaissez sans aucun doute la viande shoarma, servie dans les snacks à pitas. Elle est maintenant disponible dans les supermarchés et chez le boucher.

INGRÉDIENTS

4 poivrons rouges (coupés en deux dans le sens de la longueur et évidés) • *400 g de viande shoarma* • *4 échalotes (finement hachées)* • *4 pommes de terre (épluchées et coupées en petits dés)* • *un petit bouquet de persil (frais)* • *100 g de fromage râpé*

PRÉPARATION

Mélangez la viande shoarma avec les pommes de terre, les échalotes et le persil haché. Remplissez les poivrons à l'aide de cette farce et faites-les cuire environ cinq minutes au four à micro-ondes, puissance maximale. Parsemez de fromage et poursuivez la cuisson deux minutes. Servez avec du pain complet, turc ou marocain.

Remplacez les poivrons rouges par des poivrons d'une autre couleur. Vous pouvez aussi utiliser des courgettes ou des aubergines.

Ratatouille et filet de dinde

Un classique aux multiples variantes.

INGRÉDIENTS

*4 filets de dinde de 100 à 150 g • 2 gros oignons
(en petits morceaux) • 2 aubergines • 2 courgettes
• 2 poivrons • 3 grandes tomates à chair ferme •
1 gousse d'ail (finement hachée) • 3 cs d'huile
d'olive • poivre, sel, basilic (frais)*

PRÉPARATION

Faites revenir les oignons et l'ail dans l'huile, jusqu'à ce qu'ils soient légèrement dorés. Ajoutez les légumes nettoyés et coupés en dés (sauf les tomates) et faites mijoter à feu doux sans couvrir, pendant un quart d'heure. Salez, ajoutez le basilic et les tomates en morceaux. Couvrez et poursuivez la cuisson à feu doux dix minutes. Entre-temps, cuisez les filets de dinde salés et poivrés. Servez avec des pâtes, du riz ou des pommes de terre.

Vous pouvez congeler des portions de ratatouille, afin d'en avoir toujours sous la main. La ratatouille accompagne parfaitement l'agneau, peut servir de base pour réaliser une sauce (végétarienne) servie avec des pâtes, est délicieuse avec du poisson blanc, etc.

Pour une saveur encore plus méditerranéenne, ajoutez quelques olives à la ratatouille!

Remplacez le filet de dinde par du filet de poulet.

Burger nord-africain

Une variante du hamburger classique, qui plaira certainement aux enfants.

INGRÉDIENTS (6 personnes)

700 g de viande d'agneau hachée • 100 g d'abricots • 1 oignon • 2,5 cm de gingembre • 2 gousses d'ail • un petit bouquet de persil (frais) • 2 cc de cumin et de coriandre en poudre • 1 cc de cannelle

PRÉPARATION

Hachez finement l'oignon, le gingembre, l'ail et le persil. Ajoutez les différentes épices, les abricots coupés en morceaux, le haché d'agneau, poivrez généreusement et salez peu. Mélangez jusqu'à obtention d'un mélange homogène, divisez en six portions et formez six hamburgers. Grillez ou faites cuire les hamburgers quatre à cinq minutes de chaque côté. Servez avec des pommes de terre ou du riz et des légumes – de la ratatouille, par exemple (voir page précédente) – ou dans un petit pain garni de crudités.

 Congelez les hamburgers et utilisez-les ensuite pour préparer un repas sur le pouce.

 Un délice dans un pain pita, avec des crudités, un peu de mayonnaise et de la harissa (= pâte épicée, en vente dans les supermarchés).

Ragoût d'hiver

Un ragoût riche en légumes pour un délicieux pot-au-feu d'hiver et sa version estivale.

INGRÉDIENTS

400 à 600 g de viande de veau (en dés) • *500 g de pommes de terre (en dés)* • *3 navets* • *1 poireau* • *2 tiges de céleri en branches* • *2 carottes* • *2 oignons* • *2 l de bouillon de légumes* • *thym (frais), laurier* • *200 ml de crème allégée* • *Maïzena* • *2 cs de margarine végétale* • *2 cs de persil haché (frais)* • *poivre, une pincée de sel*

PRÉPARATION

Faites dorer brièvement la viande dans la margarine. Ajoutez les légumes et les pommes de terre au bouillon et laissez cuire jusqu'à ce qu'ils soient cuits à point. Si vous le souhaitez, épaississez la soupe avec un peu de maïzena pour sauce blanche (la maïzena express est la plus simple à utiliser). Ajoutez la crème et stoppez la cuisson. Poivrez et salez (un peu). Parsemez de persil frais. Servez avec des pommes de terre cuites à l'eau. Vous pouvez aussi ajouter les pommes de terre dès le début et les faire cuire avec le ragoût.

Ragoût d'été: cette préparation prend des airs méditerranéens et estivaux si vous ajoutez des tomates, des courgettes et de l'ail en sus des carottes, du céleri et de l'oignon. Employez du romarin (frais) pour parfumer cette variante.

Ce ragoût sera encore plus savoureux si vous ajoutez un peu de vin blanc.

Steak d'autruche mariné

La viande rouge de l'autruche est tendre et ressemble aux biftecks, bien qu'elle ait un goût un peu plus doux. Cette viande est très maigre et mérite d'être recommandée.

INGRÉDIENTS

4 steaks d'autruche (env. 100-150 g chacun) •
2 courgettes (en dés) • 6 petits oignons (finement hachés) • 2 gousses d'ail (pressées) • 15 g de romarin (frais) • 4 cs d'huile • 1 cs de vinaigre balsamique • poivre noir, une pincée de sel

PRÉPARATION

Mélangez le vinaigre, l'huile, l'ail, le romarin et le poivre. Faites mariner les steaks deux heures dans le réfrigérateur en les couvrant. Faites les cuire à feu vif quatre à cinq minutes, jusqu'à ce qu'ils brunissent. Salez et poivrez. Enlevez les steaks de la poêle. Mettez-y les légumes et la marinade, faites-les cuire à point environ trois minutes. Servez avec du pain, des pommes de terre, du riz ou des pâtes.

Vous pouvez cuire rapidement les légumes et les pommes de terre au four à micro-ondes, ou les étuver.

Vous pouvez faire mariner les steaks le soir précédent et les laisser reposer à couvert dans le réfrigérateur. Le repas sera déjà prêt pour le lendemain.

Brochettes de maïs

Une recette originale à base de maïs, un aliment trop souvent oublié.

INGRÉDIENTS

400 g de viande de poulet hachée • 4 épis de maïs (en morceaux d'environ 4 cm) • 4 abricots (en dés, frais, en canette ou séchés) • 2 échalotes (finement hachées) • 4 gousses d'ail (pressées) • 3 cs de chapelure • 6 cs de crème aigre • 4 cs de yoghourt (maigre) • 2 cs d'huile • 4 cc de persil (frais) • 2 cc de marjolaine • poivre noir, une pincée de sel • ciboulette (frais)

PRÉPARATION

Mélangez la viande hachée avec l'échalote, la chapelure, la marjolaine, le poivre, un peu de sel, la moitié du persil et la moitié de l'ail. Mélangez soigneusement le tout et formez seize boulettes. Sur quatre brochettes, enfilez successivement du maïs, une boulette de viande hachée et un abricot. Enduisez-les d'huile. Pour la sauce, mélangez la crème aigre, le yoghourt, le persil, l'ail, un peu de ciboulette hachée, du sel et du poivre. Faites griller les brochettes au four un quart d'heure et retournez-les lorsque la moitié du temps est écoulée. Servez avec la sauce, des pommes de terre grillées et une salade de concombre à la vinaigrette.

 Vous pouvez également utiliser du hachis végétarien pour les brochettes.

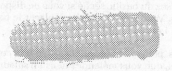

Les salades,
bien plus que de simples crudités

À l'instar des soupes, les salades permettent de réaliser de délicieux repas en un rien de temps. La salade de crudités classique offre une multitude de variantes. Chaudes ou froides, à base de viande, de poisson, de fromage ou de substitut de viande, les salades se marient à différentes sortes de pains, à des pâtes, du riz, des pommes de terre, etc. Nous vous proposons quelques idées de repas complets, que vous pouvez évidemment décliner à l'infini.

Mozzarella à la Caprese

L'une des recettes les plus célèbres de Capri, l'île qui fait face à la côte de Naples en Italie.

INGRÉDIENTS

6 tomates • 500 g de mozzarella (= 2 boules, telles qu'elles sont vendues au supermarché) • basilic (frais) • huile d'olive • poivre, une pincée de sel

PRÉPARATION

Découpez les tomates (préalablement lavées) en fines tranches. Égouttez les boules de mozzarella et coupez-les également en fines tranches. Disposez les tranches de tomates et de mozzarella en alternance dans un plat. Versez un filet d'huile d'olive, poivrez, salez (un peu) et parsemez généreusement de feuilles de basilic, entières ou en petits morceaux. Servez avec du pain, de la ciabatta, par exemple.

Utilisez du basilic séché si vous ne disposez pas de basilic frais. Vous pouvez aussi remplacer le basilic par de l'origan, frais ou séché.

Vous pouvez employer des tomates cerises coupées en deux, que vous mélangez dans un saladier avec la mozzarella en dés et, éventuellement, quelques feuilles de salade de iceberg. Suivez ensuite la recette classique.

Salade de poitrine de canard

Le gingembre confère une note orientale à cette salade.

INGRÉDIENTS

2 poitrines de canard • 100 g de jeunes pousses d'épinards, de cresson d'eau, de mâche ou un mélange de ces crudités • 2 oignons de printemps • 4 cs de sauce de poisson (supermarché) • le jus d'1 lime et d'1 orange • 2 cm de gingembre frais (râpé) • poivre de Cayenne • quelques gouttes d'huile de sésame

PRÉPARATION

Grillez ou faites cuire la poitrine de canard côté peau (si elle n'a pas été enlevée). Dans un bol, mélangez la sauce de poisson, le jus de lime et d'orange, le poivre, le gingembre, l'huile de sésame, le jus de cuisson de la poitrine de canard. Découpez la viande en fines tranches et mélangez-les à la sauce. Disposez la viande sur les assiettes, sur un lit de salade. Servez avec du pain.

◐ Si vous n'avez pas d'huile de sésame, vous pouvez l'omettre ou la remplacer par de l'huile de noix ou autre.

€ Cette recette peut aussi être réalisée avec du poulet ou de la dinde.

☺ Les enfants apprécient généralement ce plat à la saveur douce et la viande cuite de cette façon.

Panzanella

La panzanella est une salade à base de pain, originaire de Toscane (Italie).

200 g de pain (ciabatta) blanc (rassis), sans croûtes, en petits morceaux • 4 tomates en grappes (en fines tranches) • 1 poivron jaune ou orange (en lanières) • 1 petit oignon (en anneaux) • un demi-concombre (en dés) • 1 gousse d'ail (pressée) • 3 cs de basilic (frais) • 4 cs d'huile d'olive • 1,5 cs de vinaigre balsamique • 1 cs de câpres (égouttées) • 1 à 2 filets d'anchois (finement hachés)

PRÉPARATION

Humectez les morceaux de pain avec un peu d'eau froide, en veillant à ne pas détremper le pain. Mélangez les tomates, le poivron, l'oignon, le concombre, les câpres et le basilic. Confectionnez la sauce avec l'huile, le vinaigre, l'ail, les anchois (éventuellement), du poivre et un peu de sel. Mélangez délicatement la sauce avec la salade et laissez-la reposer une demi-heure dans un endroit frais (mais pas au réfrigérateur).

Autre variante: mélangez 2 cuillers à soupe de vinaigre de Xérès avec l'ail et l'huile d'olive.

Humidifiez le pain avec du jus de tomate à la place de l'eau.

Du chutney de mangue, accompagnant du thon grillé
(voir p. 121)

Guacamole
(voir p. 122)

Guide des portions d'un repas chaud

	6-12 ans	12-18 ans	adultes	60+
Légumes (poids après cuisson*)	150-200 g	200 g	200 g	200 g
Pommes de terre, etc.	3-4 pièces** 70-90 g***	3,5-5 pièces** 80-110 g***	3,5-5 pièces** 80-110 g***	3-4 pièces** 70-90 g***
Viande, etc.	75-100 g	100 g	100 g	100 g

* 200 g de légumes après cuisson correspondent environ à 250 g de légumes crus
** 1 pomme de terre = 70 g en moyenne
*** poids non cuit pour les pâtes, le riz et les autres produits céréaliers

Salade de pâtes à la feta et aux tomates cerises

Une délicieuse salade de pâtes froide.

INGRÉDIENTS

400 g de tomates cerises (coupées en deux) • 300 g de feta • 250 g de pâtes papillons (ou d'autres pâtes, courtes de préférence, comme des spirellis ou des coquillettes) • 50 g de tomates séchées • 1 petit bouquet de basilic (frais) • 1 gousse d'ail (pressée) • 5 cs d'huile d'olive • poivre (noir)

PRÉPARATION

Cuisez les pâtes à point et passez-les sous l'eau froide pour les rafraîchir et éviter qu'elles ne collent. Lors de l'égouttage des pâtes, arrosez les tomates séchées avec une cuiller d'eau de cuisson et laissez-les gonfler quelques minutes. Mélangez l'ail avec les tomates séchées égouttées, du poivre et les tomates cerises. Ajoutez le tout aux pâtes et mélangez délicatement, afin de ne pas briser les pâtes. Ajoutez enfin les petits morceaux de feta, puis l'huile. Terminez par le basilic et servez.

Utilisez du basilic sec au lieu de basilic frais.

Cette recette de pâtes est tout aussi délicieuse servie chaude: il suffit de la réchauffer au four à micro-ondes.

Taboulé

Une salade nord-africaine rafraîchissante.

INGRÉDIENTS

200 g de couscous ou de boulghour (en vente dans les supermarchés) • 1 concombre • 3 tomates • 4 petits oignons • 4 cs d'huile d'olive • le jus de 3 citrons • 8 feuilles de menthe fraîche • 2 cs de persil haché

PRÉPARATION

Préparez le couscous ou le boulghour selon les instructions figurant sur l'emballage, mélangez l'huile et le jus de citron, laissez refroidir. Découpez le concombre, les tomates et les oignons en tout petits dés et ajoutez-les au couscous. Hachez les feuilles de menthe et le persil. Mélangez soigneusement le tout et décorez de quelques feuilles de menthe.

Le taboulé se conserve à couvert dans le réfrigérateur pendant deux ou trois jours. Il sera de surcroît encore meilleur, puisqu'il continue ainsi à 'mariner'. C'est aussi pour cette raison qu'il est préférable de préparer le taboulé quelques heures avant de le servir.

Tartare de poisson

Délicieux pour un repas léger ou une entrée de fête.

INGRÉDIENTS

400 g de filets de thon • 1 échalote • 2 cs de persil haché • 2 cs de câpres • 2 cs de mayonnaise • huile d'olive • ketchup • sauce Worcester • du poivre et une pincée de sel

Pour la sauce:
1/3 de concombre • 5 cs de yaourt grec • 2 cs de crème allégée • 1 gousse d'ail (pressée) • du poivre et une pincée de sel

PRÉPARATION

Hachez le thon finement. Mélangez tous les autres ingrédients du tartare. Mixez le concombre avec le yaourt, la crème et l'ail, jusqu'à obtention d'une masse homogène. Poivrez et salez (un peu). Garnissez le tartare avec la sauce et un peu de poivre moulu. Servez avec du pain (grillé).

 Utilisez un cercle (disponible dans les articles de cuisine), que vous ôterez ensuite, pour dresser le tartare sur l'assiette. Vous obtiendrez ainsi une jolie présentation de fête.

Salade de fraises épicée

Cette recette ne peut être réalisée qu'à la saison des fraises, mais elle est absolument incontournable!

INGRÉDIENTS

*500 g de fraises • 1 concombre (en rondelles) •
1 laitue pommée (salade iceberg, par exemple) •
2 abricots (frais) • 3 cs de jus de citron • 3 cs de vin
blanc • 2 cs d'huile (de tournesol ou de maïs) • une
demi-botte de persil • (4 feuilles de mélisse) • poivre blanc, une pincée de sel*

PRÉPARATION

Lavez les fraises, égouttez-les, enlevez les queues et coupez-les en deux. Plongez les abricots quelques instants dans de l'eau bouillante pour pouvoir les peler facilement. Coupez les abricots en deux et enlevez le noyau soigneusement. Découpez les fruits en petits morceaux. Disposez les fruits et les légumes sur l'assiette, sur un lit de salade. Mélangez le jus de citron, le vin, l'huile, le poivre, les herbes et une pincée de sel. Nappez de vinaigrette juste avant de servir. Proposez du pain en guise d'accompagnement.

 Une sauce au yaourt convient aussi très bien pour cette salade. Mélangez le yaourt, le jus de citron, du poivre, les herbes et un peu de sel.

Salade de brocolis exotique

Le mariage étonnant du brocoli et de l'ananas.

INGRÉDIENTS

400 g de jambon fumé (espagnol ou italien) (en lanières) • 1 ananas frais (en tranches) • 500 g de brocolis

Pour la sauce:
4 cs d'huile d'olive • 2 cs de vinaigre de vin rouge • 100 ml de jus d'orange fraîchement pressé • 30 ml de jus de lime ou de citron • 1 cc de graines de cumin (grillées) • poivre, une pincée de sel

PRÉPARATION

Détaillez le brocoli en rosettes et cuisez-les. Faites griller l'ananas dans une poêle à griller ou sous le grill; vous pouvez aussi le faire cuire simplement; poivrez-le et découpez-le en triangles. Faites cuire le jambon fumé à la poêle ou au four. Mélangez les ingrédients de la sauce. Disposez l'ananas, le brocoli et les lanières de jambon sur les assiettes. Nappez de sauce. Servez avec du pain.

Faute d'ananas frais, utilisez des ananas en boîte; ceux-ci sont toutefois moins nutritifs.

Pour aller plus vite, utilisez des brocolis surgelés ou faites cuire les brocolis au four à micro-ondes.

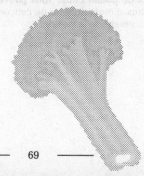

Salade Caesar

Considérée à l'origine comme un mets délicat, cette salade était exclusivement servie sur les paquebots de croisière.

INGRÉDIENTS

salade mêlée (l'équivalent de 1,5 à 2 laitues pommées) • 300 g de lard dégraissé ou 200 g de jambon espagnol ou italien • 300 g de parmesan • 4 cs de mayonnaise • 1 petite boîte de filets d'anchois • 2 gousses d'ail • 4 tranches de pain • poivre noir • éventuellement: tabasco, moutarde, huile d'olive, vinaigre de vin rouge ou sauce Worcester pour l'assaisonnement.

PRÉPARATION

Nettoyez la salade, faites cuire les lardons ou le jambon taillé en lanières, coupez les filets d'anchois en petits morceaux. Mélangez tous les ingrédients dans un saladier réfrigéré, à l'exception du fromage et du pain. Assaisonnez avec le poivre noir, le tabasco, la moutarde, l'huile d'olive, le vinaigre de vin rouge ou la sauce Worcester. Vous pouvez aussi seulement utiliser du poivre noir. Faites frire des croûtons de pain; parsemez la salade de croûtons et de copeaux de parmesan. Utilisez un couteau économe ou une râpe à 'éplucher' pour former les copeaux de parmesan.

On remplace parfois le jambon espagnol ou italien par des dés de poulet cuits. Vous pouvez aussi ajouter des morceaux d'œufs durs ou de concombre à la salade, en remplacement de la viande.

Champignons chauds

Une salade 'tiède' idéale pour un lunch léger ou une entrée surprenante.

INGRÉDIENTS

salade mêlée • 16 grands champignons • 350 g de fromage doux de chèvre ou de brebis • 1 gousse d'ail • 4 cs d'huile d'olive • 2 cs de vinaigre balsamique • 1 cs de sauce soja • 1 cs de persil (frais) • 1 cc de thym (frais) • du poivre, une pincée de sel

PRÉPARATION

Nettoyez la salade et les champignons, enlevez les pieds des champignons. Mélangez le fromage avec l'ail, le thym, du sel et du poivre; farcissez les champignons de ce mélange. Faites cuire les champignons au four à 180°C, dans un plat préalablement graissé, jusqu'à ce qu'ils soient cuits. Mélangez l'huile d'olive, le vinaigre, la sauce soja, du sel et du poivre. Servez les champignons sur un lit de salade, nappez de vinaigrette et décorez de persil. Servez avec du pain.

Tout aussi délicieux: farcissez les champignons avec du fromage persillé (roquefort, gorgonzola), relevé de paprika et de poivre, et faites-les cuire au four de la même manière. Servez sur un lit de salade avec du pain, ou proposez-les tout simplement comme bouchées à l'apéritif.

Carpaccio

L'association de tous les ingrédients donne une saveur exquise à cette préparation remarquable.

INGRÉDIENTS

400 g de filet de bœuf (en tranches très fines) • 100 g de roquette, de mâche ou de cresson d'eau • 100 g de copeaux de parmesan • 400 g de tomates cerises (coupées en deux) • 4 cs d'huile d'olive • 1 cc de vinaigre balsamique • poivre, une pincée de sel

PRÉPARATION

Préparez la sauce avec l'huile, le vinaigre, le poivre et un peu de sel. Mélangez la sauce et la salade, répartissez sur les assiettes. Déposez les tranches de filet de bœuf, poivrez et salez. Parsemez de copeaux de parmesan, que vous obtenez en 'pelant' le fromage à l'aide d'une râpe ou d'un couteau économe.

Vous pouvez remplacer la sauce décrite ci-dessus par du pesto dilué dans un peu d'huile d'olive. Il existe du pesto prêt à l'emploi, mais rien ne vous empêche de le préparer vous-même. (Pour la recette, voir page 120).

Salade de dés de poulet à l'orange

Une salade-repas aux saveurs sucrées.

INGRÉDIENTS

*400 g de dés de poulet • salades mélangées •
2 oranges • 50 g de noix • 4 échalotes • huile de
noix • vinaigre de framboises • poivre rose • persil
frais haché • du poivre et une pincée de sel*

PRÉPARATION

Lavez la salade, détaillez-la en morceaux, mélangez-la
avec l'huile de noix et répartissez-la sur les assiettes. Retirez délicatement la peau de l'orange, découpez-la finement et faites-la pocher dans de l'eau additionnée d'un
peu de sucre. Hachez finement l'échalote et faites-la revenir avec les dés de poulet dans un peu d'huile. Jetez la
graisse, ajoutez le vinaigre, salez (un peu) et poivrez, mélangez soigneusement. Disposez le poulet sur la salade.
Décorez de morceaux d'orange et parsemez de noix finement hachées. Terminez par les zestes d'orange pochés, le
poivre rose et le persil. Servez avec du pain ou du riz
(chaud ou froid).

⏰ Les zestes d'orange confits ne sont pas indispensables;
passez cette étape si le temps vous fait défaut.

☺ Les enfants apprécient habituellement la saveur douce de
cette salade et mangent sans protester. Donnez-leur un
peu moins de zeste d'orange, voire pas du tout, car le goût
leur déplaît souvent.

Salade de riz fruitée

Chaude ou froide, cette délicieuse salade de riz s'associe à des légumes ou des fruits frais.

INGRÉDIENTS

200 g de riz (complet) • 300 g d'oignons finement hachés • 4 cs de raisins secs • 1 cs de noix (éventuellement grillées) • 1 cc de graines de sésame (éventuellement grillées) • 40 g de margarine végétale • 4 clous de girofle

PRÉPARATION

Cuisez le riz selon les instructions figurant sur l'emballage, avec les clous de girofle. Faites revenir les oignons dans la margarine et ajoutez les raisins secs, les noix et les graines de sésame. Vous pouvez servir le riz chaud ou froid. Ajoutez des fruits frais (oranges, pommes, raisins, etc.) ou accompagnez de légumes, crus ou cuits.

Vous obtiendrez un résultat similaire en remplaçant le riz par du couscous, du boulghour ou d'autres céréales.

Ce plat sera encore plus savoureux si vous faites griller les noix et les graines de sésame dans une poêle, sans matière grasse, et si vous faites gonfler les raisins secs dans du thé.

Salade d'automne aux champignons

Une salade chaude à base de poulet.

INGRÉDIENTS

2 filets de poulet • 250 g de salade mêlée • 200 g de champignons en mélange (nettoyés) • 1 échalote (finement hachée) • 4 cs d'huile • 2 cc de moutarde • 2 cc de vinaigre de vin rouge • cerfeuil (frais) • poivre, une pincée de sel

PRÉPARATION

Faites cuire les filets de poulet salés et poivrés dans un peu de graisse. Enlevez le poulet de la poêle et mettez-y les champignons et l'échalote. Découpez les filets de poulet. Mélangez la moutarde et le vinaigre, ajoutez l'huile lentement. Mélangez la moitié de la sauce avec la salade. Ajoutez le reste de sauce aux champignons. Placez-les sur un lit de salade et déposez le poulet par-dessus. Parsemez de cerfeuil.

 Remplacez le poulet par de la dinde.

Pour les amateurs de nouvelles tendances et les voyageurs

Quoi de plus agréable que de réaliser chez soi des recettes du monde? Rien de mieux pour se souvenir d'excellentes vacances, recréer une ambiance estivale en plein hiver ou surprendre ses amis. Les plats ou préparations 'nouvelles tendances' s'y prêtent merveilleusement bien et sont bien entendu source de dépaysement, puisqu'ils évoluent en permanence. À l'heure actuelle, il est surtout question de cuisine-fusion, au wok ou à la vapeur. Nous vous emmenons faire un tour d'horizon des nouvelles tendances.

Soupe de poisson

Une soupe-repas réconfortante en hiver, mais que vous pouvez parfaitement servir en été.

INGRÉDIENTS

1 l de fumet de poisson (réalisé éventuellement avec de l'eau et des cubes de bouillon, 1 cube par demi-litre d'eau) • 300 g de filets de cabillaud (en dés) • 250 g de fruits de mer en mélange • 100 g de riz • 3 cs de persil haché (frais) • 1 cs d'huile d'olive • 2 gousses d'ail (pressées) • 2 cc de paprika en poudre • une demi-cc de poivre de Cayenne en poudre • du poivre et une pincée de sel

PRÉPARATION

Faites revenir l'ail avec le paprika et le poivre de Cayenne en poudre, jusqu'à ce qu'il soit translucide. Versez le fumet de poisson et portez à ébullition. Ajoutez le riz, mélangez soigneusement et laissez cuire le riz selon les instructions figurant sur l'emballage. Ajoutez ensuite le poisson. Faites mijoter jusqu'à ce que le poisson soit cuit. Poivrez et ajoutez éventuellement une pincée de sel. Décorez de persil haché et servez avec du pain.

🕐 Achetez du cabillaud et des fruits de mer surgelés.

◑ N'importe quel autre poisson blanc à chair ferme convient à cette recette.

€ Le poisson surgelé est un peu meilleur marché que le poisson frais et tout aussi nutritif.

Poulet à la cubaine

Une recette sud-américaine fruitée.

INGRÉDIENTS

4 cuisses de poulet • 400 g de tomates (en dés, fraîches ou en boîte) • 200 g d'ananas (en dés) • 1 oignon • le jus d'1 citron • 3 cs de raisins secs (blancs, de préférence) • 1 gousse d'ail • 1 piment rouge • 3 cs d'huile d'olive • 1 cc d'origan (frais) • poivre • une pincée de sel • un demi-cube de bouillon de poule • 4 cs de rhum (brun)

PRÉPARATION

Versez le jus de citron sur les cuisses de poulet, poivrez et salez (un peu) et faites mariner une demi-heure au réfrigérateur. Faites dorer les cuisses de poulet cinq minutes dans l'huile et enlevez-les de la poêle. Faites revenir l'oignon et l'ail finement hachés dans la graisse de cuisson du poulet, jusqu'à ce qu'ils deviennent transparents. Ajoutez les tomates, les dés d'ananas, le piment détaillé en lanières (sans les graines), les raisins secs et l'origan. Ajoutez 2 dl d'eau et le cube de bouillon émietté. Remuez soigneusement, ajoutez le poulet et faites mijoter le tout à couvert pendant trois quarts d'heure. Ajoutez le rhum et laissez encore chauffer le tout cinq minutes. Salez (un peu) et poivrez. Servez avec du riz.

Vous pouvez utiliser de l'ananas en boîte au naturel pour remplacer l'ananas frais. Dans ce cas, ajoutez-le en même temps que le rhum.

Le rhum n'est pas indispensable.

La combinaison de l'ananas et du poulet a toujours du succès auprès des enfants.

Giouvetsi

Pot-au-feu typiquement grec.

2 kg de filet d'agneau (en morceaux) • 500 g de kritharaki (pâtes grecques en forme de grains de riz, en vente dans les supermarchés) • 1 l d'eau • 500 g de tomates, fraîches ou en boîte (tamisées) • 4 cs d'huile d'olive ou de margarine végétale • 3 cs de purée de tomates • 3 gousses d'ail • un demi cube de bouillon de viande dégraissé • 1 bâton de cannelle • du poivre noir fraîchement moulu, une pincée de sucre, une pincée de sel • parmesan fraîchement râpé

PRÉPARATION

Faites revenir l'ail pressé dans l'huile et la margarine jusqu'à ce qu'il devienne transparent. Ajoutez les tomates en dés, la purée de tomates, l'eau, le cube de bouillon, le bâton de cannelle, le poivre, le sucre et le sel. Mélangez soigneusement et faites mijoter quelques minutes. Ajoutez la viande et laissez mijoter avec le couvercle pendant une heure. Chauffez le four à 175°. Répartissez les pâtes non cuites sur les bords d'un plat préalablement graissé, placez la viande au milieu et nappez le tout de sauce. Faites cuire une demi-heure en remuant les pâtes régulièrement. Servez avec du parmesan fraîchement râpé et une salade grecque (tomates, concombre, rondelles d'oignon).

Préparez le mélange viande-sauce et congelez-le. Vous aurez ainsi un repas spécial tout prêt en cas de visite impromptue.

Plat végétarien marocain

Un pot-au-feu marocain aux accents méditerranéens.

INGRÉDIENTS

350 g de quorn en dés • 6 tomates • 4 oignons rouges • 2 courgettes • 2 poivrons rouges • 50 g de raisins secs • 2 gousses d'ail • 4 cs d'huile d'olive • 1 cs de poivre de Cayenne • 2 cc de cannelle en poudre • 1 cc de cumin en poudre • poivre fraîchement moulu • une pincée de sel

PRÉPARATION

Dans une casserole, mélangez les morceaux de quorn avec les oignons, l'ail, les courgettes, les poivrons et les tomates coupés en dés, les raisins secs, l'huile d'olive et les épices. Faites mijoter le tout une demi-heure en remuant régulièrement. S'il y a trop de jus de cuisson, ôtez le couvercle pendant les dix dernières minutes de cuisson. Servez avec du couscous, du boulghour ou riz.

 Pour régaler les amateurs de viande, ajoutez de l'agneau à ce plat.

Espadon au pesto

Une délicieuse recette aux accents du Sud, à la poêle, au grill ou au barbecue.

INGRÉDIENTS

4 steaks d'espadon (d'environ 150 g chacun) • 1 kg de tomates cerises • 3 raviers de roquette (90 g) • 6 cs d'huile (d'olive) • 1 cs de pesto (en vente dans les supermarchés; vous en trouverez la recette a la page 120) • 4 cc de jus de citron

PRÉPARATION

Préparez une sauce avec le pesto, le jus de citron et un tiers de l'huile. Découpez grossièrement la roquette aux ciseaux et coupez les tomates cerises en deux. Faites cuire le poisson à la poêle avec le reste d'huile – cinq minutes maximum, pour éviter que la chair ne devienne caoutchouteuse. Versez 1 cuiller à soupe de sauce sur les assiettes, ajoutez la roquette, puis le poisson. Nappez du reste de sauce. Décorez à l'aide des petites tomates et servez avec du pain (ciabatta, par ex.).

Le thon convient tout aussi bien que l'espadon.

Une idée épatante pour un barbecue!

Eggah

L'eggah est une omelette épaisse cuite au four, servie chaude ou froide sous forme de tranches ou de triangles. Il s'agit à l'origine d'une recette perse. Les eggahs peuvent être préparées 'nature' ou avec quelques épices (ciboulette et poivre noir), mais il est assez courant d'ajouter divers ingrédients. Nous vous proposons une eggah aux aubergines, mais vous pouvez très bien utiliser des fines herbes, des oignons, de l'ail, des poivrons ou d'autres légumes.

INGRÉDIENTS

8 œufs • 2 aubergines de taille moyenne (en petits morceaux) • 3 oignons (en petits morceaux) • 3 cc de coriandre fraîche hachée ou 1 cc de graines de coriandre écrasées • 1 gousse d'ail hachée • trois quarts de cc de graines de cumin • un quart de cc de cannelle en poudre • une demi-cc de poivre noir • une pincée de sel

PRÉPARATION

Préchauffez le four à 170°. Mélangez les aubergines, les oignons, l'ail et les épices. Battez les œufs avec une tasse et demie d'eau et une pincée de sel. Versez ce mélange sur les légumes, mélangez le tout et transvasez dans un plat graissé allant au four. Faites cuire l'omelette sans la couvrir pendant quarante minutes. Laissez refroidir cinq minutes avant de servir. Accompagnez de pain (turc ou marocain) et d'une salade de crudités rafraîchissante.

Si vous cuisez les légumes à moitié au four à micro-ondes, vous pouvez réduire le temps de cuisson au four d'un quart d'heure à vingt minutes.

L'eggah est une variante de la tortilla espagnole. Celle-ci se réalise avec des pommes de terre et des oignons.

Utilisez des légumes de saison.

La plupart des enfants apprécient les omelettes. Ajoutez leurs légumes favoris à l'eggah et disposez le reste des légumes sur l'omette de façon à dessiner un motif amusant.

Les restes d'eggah froide sont délicieux.

Curry thaï végétarien

Un curry oriental végétarien, aux notes fruitées.

INGRÉDIENTS

750 g de potiron (500 g une fois nettoyé) • 5 échalotes (dont une finement hachée) • 2 bananes (coupées en rondelles épaisses) • 2 gousses d'ail (finement hachées) • 2,5 cm de gingembre frais (finement haché) • 1 petit bouquet de coriandre (frais) (finement hachée) • 3 cs d'huile végétale • 1 cs de curry en poudre • 1 cs de purée de tomates • 5 dl de lait de coco (en vente dans les supermarchés) • le jus d'1 lime • une pincée de sel

PRÉPARATION

Pelez le potiron, éliminez les graines et les fibres à l'aide d'une cuiller. Découpez la chair en dés. Faites chauffer l'huile dans une poêle et faites revenir une échalote, l'ail et le gingembre pendant cinq minutes. Ajoutez le curry, la purée de tomates, le potiron et les autres échalotes, pelées et coupées en quartiers. Mélangez bien. Ajoutez le lait de coco et salez. Portez à ébullition et laissez cuire à feu doux vingt minutes. Ajoutez les bananes, la coriandre et le jus de lime quelques minutes avant de servir. Accompagnez de riz.

 Si vous n'avez pas de coriandre fraîche, utilisez des graines de coriandre écrasées.

 Vous pouvez ajouter des dés de poulet ou de dinde à cette recette. Faites-les dorer à part dans une poêle jusqu'à ce qu'ils soient pratiquement cuits et ajoutez-les à la préparation cinq minutes avant la fin de la cuisson.

Lesco

Plat hongrois végétarien à base de poivrons.

INGRÉDIENTS

2 poivrons verts (en lanières) • 2 poivrons jaunes (en lanières) • 2 oignons (en rondelles) • 2 tomates (en quartiers) • 2 œufs (battus en omelette) • 4 cs d'huile ou de margarine végétale • persil, poivre noir, une pincée de sel

PRÉPARATION

Faites revenir l'oignon dans l'huile jusqu'à ce qu'il devienne translucide, avec le paprika en poudre. Faites cuire les poivrons cinq minutes avec l'oignon. Ajoutez ensuite les tomates et laissez cuire deux minutes. Mélangez les œufs, le poivre et un peu de sel, remuez jusqu'à ce que les œufs soient cuits. Parsemez de persil frais et servez avec du riz ou des pommes de terre nouvelles.

€ Vous pouvez utiliser des poivrons d'autres couleurs et remplacer l'oignon par des poireaux.

Quiche italienne aux légumes

Une recette facile à faire, qui change de l'ordinaire.

INGRÉDIENTS

1 fond de pâte prête à l'emploi pour quiche aux légumes • 800 g de brocolis • 200 ml de bouillon de légumes • 150 g de jambon cuit ou fumé • 2 tomates • 50 g de parmesan fraîchement râpé (ou un autre fromage italien) • 40 g de margarine végétale • 1 œuf • 50 ml de lait • 50 ml de crème allégée • 2 cs de chapelure • poivre blanc, une pincée de sel

PRÉPARATION

Suivez les instructions figurant sur l'emballage de la pâte. Lavez les brocolis et coupez-les en petits morceaux. Cuisez-les à point dans le bouillon de légumes. Mélangez les brocolis avec le jambon découpé en morceaux ou en dés. Coupez les tomates en tranches, salez (un peu) et poivrez. Parsemez le fond de quiche (éventuellement précuit, consultez l'emballage) avec la chapelure et étalez ensuite le mélange aux brocolis par-dessus. Faites cuire un quart d'heure au four (voir l'emballage de la pâte pour la température appropriée). Entre-temps, mélangez l'œuf, le lait et la crème; assaisonnez et versez sur la quiche. Disposez les tomates, le fromage et la margarine en parcelles. Faites encore cuire la quiche dix à quinze minutes. Servez avec du pain et une salade de crudités.

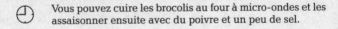

Vous pouvez cuire les brocolis au four à micro-ondes et les assaisonner ensuite avec du poivre et un peu de sel.

Tous les légumes se prêtent à la réalisation de cette quiche: légumes de saison, légumes préférés des enfants,...

Les restes se dégustent chauds ou froids.

Salade niçoise

Une salade connue dans le monde entier, qui a vu le jour dans la ville française mondaine de Nice. Elle exige un peu de travail, mais offre un savoureux repas complet.

INGRÉDIENTS

env. 400 g de thon en boîte • 300 g de pommes de terre cuites à l'eau (en tranches épaisses) • 1 laitue pommée (nettoyée) • 4 tomates (en quartiers) • 4 œufs cuits dur (en quartiers) • 250 g de haricots princesse (cuits) • 2 oignons rouges (en rondelles) • 50 g de filets d'anchois • 30 g d'olives noires • 2 dl d'huile d'olive • 50 ml de vinaigre de vin blanc • thym (frais) • poivre, une pincée de sel

PRÉPARATION

Disposez tous les légumes, les œufs, les filets d'anchois et les olives sur un lit de salade et de pommes de terre. Préparez la vinaigrette en mélangeant l'huile, le vinaigre, du poivre et un peu de sel. Versez la vinaigrette sur la salade et parachevez avec le thym.

Cette salade ne contenait pas de pommes de terre à l'origine; elles sont devenues indispensables dans la version moderne. Vous pouvez cependant réaliser la salade sans pommes de terre et la servir avec du pain.

Tous les ingrédients, sauf les pommes de terre et la salade, peuvent être mélangés avec des pâtes froides; vous obtenez ainsi une 'salade de pâtes niçoise'.

Vous pouvez remplacer le thon en boîte par des steaks de thon frais ou surgelés: faites-les cuire brièvement, découpez-les en morceaux et mélangez-les à la salade.

Poulet au sésame

Une recette simple, qui donne une touche orientale à votre poulet.

INGRÉDIENTS

4 filets de poulet (fins) • 200 g de graines de sésame • 2 œufs • 3 cs de margarine végétale • 2 cs de farine • du poivre, une pincée de sel

PRÉPARATION

Faites griller les graines de sésame sans matière grasse et mettez-les dans une assiette creuse. Battez les œufs en omelette dans une deuxième assiette creuse et mettez la farine dans une troisième assiette. Salez (un peu) et poivrez le poulet. Roulez-le dans la farine, puis dans l'œuf et panez-le avec les graines de sésame. Laissez-le reposer une vingtaine de minutes au réfrigérateur. Faites cuire les filets dans la margarine ou enduisez-les de margarine fondue avant de les griller au four. Servez avec les légumes de votre choix: épinards en branches, petits pois, brocolis et pommes de terre cuites à l'eau.

Vous pouvez cuire rapidement les légumes et les pommes de terre au four à micro-ondes ou à la vapeur.

Remplacez les filets de poulet par des filets de dinde.

Les risques de voir la croûte casser ou se désagréger sont moindres si vous grillez les filets au four ou à la poêle.

Steak de springbok

Le springbok (antilope) a une viande comparable à celle du gibier et a fait son apparition récemment dans les rayons de nos supermarchés.

INGRÉDIENTS

4 steaks de springbok (d'environ 100 à 150 g chacun) • 500 g de champignons bruns (en lamelles) • 1 échalote (finement hachée) • 1 gousse d'ail (pressée) • 4 cs de margarine végétale • 2 cs d'eau • 100 ml de vin blanc • 400 ml de fond de gibier • laurier, romarin (frais) • du poivre, une pincée de sel • Maïzena express pour sauces brunes

PRÉPARATION

Faites revenir l'échalote et les champignons cinq minutes dans la moitié de la margarine. Ajoutez le laurier et l'eau, faites mijoter cinq autres minutes. Dans une autre poêle, faites revenir l'ail dans le reste de la margarine. Ajoutez le vin et le fond de gibier, laissez cuire un quart d'heure. Faites cuire les steaks quatre minutes environ, jusqu'à ce qu'ils prennent une belle couleur brune; retournez-les lorsque la moitié du temps est écoulée. Relevez avec le poivre, le romarin et un peu de sel. Liez la sauce avec la Maïzena. Servez avec des pommes de terre (nouvelles) cuites à l'eau, ainsi que des choux de Bruxelles et des carottes, cuits à l'eau ou à la vapeur.

Vous pouvez aussi cuire les carottes, les choux de Bruxelles et les pommes de terre au four à micro-ondes.

Wok à la chinoise

Comme au restaurant chinois!

INGRÉDIENTS

*400 à 600 g de filet de porc (en lanières) • 150 g de
pousses de soja • 2 carottes (en bâtonnets) • quelques feuilles de chou blanc (finement haché) •
1 petite boîte de pousses de bambou (finement
hachées) • 4 cs d'huile • 3 cs de sucre • 2 cs de
vinaigre • 1 cc de purée de tomates • 1 cc de sauce
soja • un quart de litre de bouillon de poule • du
poivre, une pincée de sel*

PRÉPARATION

Faites cuire la viande à l'huile dans le wok. Ajoutez le
sucre et laissez caraméliser légèrement. Ajoutez le vinaigre
et laissez cuire un peu. Versez le bouillon, la purée de tomates, le chou, les carottes, le poivre, un peu de sel et laissez mijoter avec le couvercle pendant une grosse demi-
heure. Ajoutez les pousses de bambou après vingt
minutes. Entre-temps, faites revenir les pousses de soja à
l'huile dans une autre poêle et ajoutez-les au wok. Ajoutez
la sauce soja, remuez soigneusement et laissez mijoter encore quelques instants. Servez avec du riz.

 Vous trouverez des pousses de bambou en boîte dans certains supermarchés et les magasins asiatiques, mais elles
ne sont pas indispensables pour cette recette.

Spaghettis 'Frutti di mare'

Simple, rapide et extrêmement sain.

INGRÉDIENTS

*400 g de spaghettis • 400 à 600 g de fruits de mer
en mélange (surgelés, au supermarché) • 2 gousses
d'ail (finement hachées) • 4 cs d'huile d'olive •
1 petit piment rouge (sans les graines et finement
haché) • 300 ml de vin blanc sec • 1 cube de bouillon de poisson • persil (frais) • poivre noir*

PRÉPARATION

Faites chauffer l'huile et faites-y revenir l'ail avec le piment. Ajoutez les fruits de mer et le vin blanc, le cube de
bouillon et un peu de poivre noir. Laissez mijoter à couvert
jusqu'à ce que les fruits de mer soient cuits. Pendant ce
temps, faites cuire les spaghettis selon les instructions de
l'emballage, jusqu'à ce qu'ils soient pratiquement cuits.
Égouttez-les et ajoutez-les à la sauce. Laissez le tout cuire
quelques instants. Parsemez de persil.

S'il n'y a pas assez de sauce, vous pouvez ajouter un peu
d'eau de cuisson des pâtes et, éventuellement, du bouillon
de poisson, en laissant encore mijoter le tout quelques instants.

Salade orientale aux scampis

Les scampis et le mariage particulier des épices donnent une touche exotique à cette salade.

INGRÉDIENTS

400 à 600 g de scampis (décortiqués) • *2 raviers de tomates cerises (coupées en deux)* • *2 tiges de céleri en branches (en dés)* • *5 petits oignons (finement hachés)* • *1 laitue pommée (nettoyée)* • *le jus d'1 lime* • *1 piment rouge frais (coupé très fin et débarrassé de ses graines)* • *2 cm de gingembre (râpé)* • *1 gousse d'ail (pressée)* • *1 cs d'huile d'olive* • *3 feuilles de menthe (finement découpées)* • *un petit bouquet de coriandre fraîche (finement découpée)* • *du poivre noir, du sucre, une pincée de sel*

PRÉPARATION

Faites revenir le gingembre et l'ail très brièvement dans l'huile d'olive chaude. Ajoutez les scampis et faites-les cuire trois minutes, salez et poivrez. Retirez du feu et mélangez avec tous les autres ingrédients, à l'exception de la salade. Disposez les scampis sur un lit de salade.

Vous accentuerez la touche exotique de ce plat en faisant revenir un peu de mélisse hachée avec les scampis.

2

Alimentation et cancers: le point de la situation

Habitudes alimentaires et fréquence des cancers

Il existe bien des différences dans les habitudes alimentaires de par le monde, tout comme on constate des variations importantes dans la fréquence avec laquelle certaines tumeurs se manifestent. Par ailleurs, des études réalisées auprès de populations migrantes ont montré que des changements profonds du type d'alimentation s'accompagnent d'évolutions marquées des types de cancers rencontrés chez ces personnes. Cependant, l'interprétation de ces différentes constatations n'est pas aussi facile qu'on pourrait le penser.

Les liens de cause à effet entre alimentation et cancers restent bien souvent à confirmer ou à préciser. Outre les habitudes alimentaires, de nombreux autres facteurs interviennent également dans les mécanismes de la cancérisation, ce qui complique leur analyse respective. Quoi qu'il en soit, une alimentation saine, variée et équilibrée est incontestablement très importante pour rester en bonne santé.

À la recherche d'une explication: comment l'alimentation influence-t-elle le processus cancéreux?

Ce que nous mangeons contient naturellement différentes substances pouvant être cancérigènes, mais qui n'expliquent qu'en partie la relation entre alimentation et processus cancéreux. Il semble que l'influence principale des aliments se situe davantage du côté de la prévention du cancer, que de son déclenchement.

Stade initial

Au premier stade d'un cancer, chaque 'attaque' supplémentaire par des substances cancérigènes peut accélérer le développement de la maladie. Il s'agirait surtout de substances nocives dues à la consommation fréquente d'aliments fumés ou avariés, et de l'absorption de boissons fortement alcoolisées. La mesure dans laquelle ces éléments influencent le processus cancéreux dépend de la qualité globale de l'alimentation: si elle est riche en fruits et en légumes, les éléments protecteurs contenus dans ces aliments peuvent, dans une certaine mesure, contrebalancer ces effets nocifs.

Stade intermédiaire

La balance énergétique joue probablement un rôle important au moment où les premières cellules cancéreuses se multiplient. Une personne maigre ou de poids normal est moins exposée au risque de formation d'une tumeur cancéreuse, tandis que le surpoids accroît ce risque. Certaines hormones ou facteurs de croissance pourraient également être impliqués dans ce processus.

Stade avancé

À un stade avancé du processus cancéreux, les fruits et les légumes pourraient ralentir la prolifération cellulaire, notamment grâce à l'apport d'anti-oxydants. Ceux-ci combattent l'oxydation, un processus chimique important qui influence négativement l'évolution du cancer, surtout à ce stade. Les aliments riches en énergie ou en lipides, en revanche, stimuleraient l'oxydation. À ce stade, les fibres joueraient aussi un rôle, surtout dans le cas du cancer de l'intestin: elles pourraient contribuer à faire disparaître les cellules anormales (apoptose).

La composition globale de l'alimentation et les modes de préparation des aliments influencent donc probablement la maladie, quel que soit son stade. De plus, il existe des interactions continuelles entre l'alimentation, les facteurs environnementaux et les prédispositions tant innées qu'acquises, qui font varier l'influence de chacun de ces facteurs au cours de la vie.

Vérification des hypothèses

Lors de la vérification et de l'explication d'une hypothèse, il est important de la soumettre à des méthodes scientifiques correctes. Cela vaut également pour les liens entre alimentation et cancers.

Ces liens sont surtout analysés au moyen d'études épidémiologiques dans lesquelles des populations sont suivies parfois pendant de très longues périodes. Les résultats sont étayés par ceux d'études expérimentales (en laboratoire et sur des animaux) et par l'identification de pistes ('pathways') biologiques possibles.

Après une analyse approfondie des données disponibles un consensus scientifique se dégage, selon lequel l'alimentation jouerait un rôle dans environ 35 % des décès par cancers. L'alcool, quant à lui, interviendrait dans 3 % de décès supplémentaires, toujours par cancers (World Cancer Research Fund in association with American Institute for Cancer Research; *Food, Nutrition and the Prevention of Cancer: a global perspective,*1997). Ces chiffres reposent essentiellement sur les résultats d'études des scientifiques Doll et Peto (Doll, R. et R. Peto, "The causes of cancer: quantitative estimates of avoidable risks of cancer in the United States today", in: *J Natl Cancer Inst* 66 (1981), 1191-1308). Ils insistent sur le fait qu'une estimation précise est difficile: les chiffres peuvent varier de 10 à 70 %! Il semble que quiconque combine une alimentation saine, de l'exercice physique en suffisance et un poids normal pourrait réduire de 35 % son risque d'être atteint d'un cancer. Si, en plus de mener une vie saine, vous ne fumez pas, ce pourcentage peut atteindre 70 %. Cela signifie que les choix que nous faisons chaque jour en ce qui concerne notre alimentation et notre mode de vie, peuvent avoir une influence importante sur notre risque d'être, un jour, atteint d'un cancer.

À manger ou pas?
Un point de la situation
dans la relation entre
l'alimentation et le cancer

Balance énergétique et facteurs associés

Des facteurs tels que la vitesse de la croissance pendant l'enfance, l'âge du début de la puberté, le poids à l'âge adulte et le degré d'activité physique influencent le rôle de la balance énergétique dans la prévention ou dans l'apparition d'un cancer.

Ainsi, des premières règles précoces accroissent le risque de cancer du sein. Un lien est aussi perceptible entre une absorption excessive d'énergie, un manque d'activité physique et une augmentation du risque de cancer de l'endomètre (utérus). Une baisse notable du risque de cancer du côlon est notée en cas d'activité physique régulière.

L'obésité accroît probablement le risque de cancer du sein après la ménopause et de cancer du rein. Il est probable que, en cas d'obésité, la fréquence des cancers du côlon et de la vésicule biliaire augmente. Le risque de cancer du poumon et du sein diminuerait à mesure que l'activité physique augmente.

Aliments

Café, thé et autres boissons

La majorité des études montrent qu'il n'existe probablement aucun lien entre une consommation régulière de café ou de thé et l'apparition d'un cancer particulier. Une consommation abondante de thé vert réduirait même le risque de cancer de l'estomac. Il semble, par contre, que les boissons très chaudes augmentent la fréquence du cancer de l'œsophage, précisément en raison de leur température élevée.

Produits céréaliers

Les régimes alimentaires riches en produits céréaliers complets font probablement diminuer le risque de cancer du sein, du côlon, du pancréas et de l'estomac, tandis que les produits raffinés font vraisemblablement augmenter le risque de cancer de l'œsophage.

Légumes et fruits

Un nombre important d'études indiquent une baisse de différents types de cancers, et probablement du cancer en général, lorsque la consommation de fruits et de légumes est abondante. Bien que plusieurs sous-groupes de fruits et de légumes (agrumes, légumes à feuilles vertes, etc.) aient été étudiés, les conseils de prévention ne portent pour l'instant que sur les fruits et les légumes en général. Il est donc conseillé de varier au maximum leur consommation.

Légumes secs, noix et graines

Bien qu'il y ait un certain nombre d'indications selon lesquelles les légumineuses auraient un effet protecteur, il n'existe pas encore suffisamment de preuves corroborant cette hypothèse. Des études supplémentaires sont nécessaires.

Viande, poisson, œufs et produits de substitution

Une consommation importante de viande rouge ferait augmenter le risque de cancers du côlon et du rectum. Une consommation excessive d'œufs aurait le même effet. Par ailleurs, la graisse contenue dans la viande rouge, majoritairement de type saturé, ferait aussi augmenter le risque de cancer. Il est également important de savoir que la consommation fréquente de viandes grasses peut favoriser l'obésité ainsi que les cancers qui y sont associés.

Par contre, un régime végétarien varié réduirait le risque de cancer de la bouche, du pharynx, de l'estomac, du pancréas, du côlon, du rectum, du sein, des ovaires et de la vessie. Certains produits à base de soja, tels que le tofu et le tempeh, peuvent remplacer la viande dans ce type de régime. Bien que tous les liens n'aient pas encore été établis en ce qui concerne soja et cancer, l'incidence de différentes tumeurs malignes est sensiblement moins élevée dans les pays où le soja est consommé quotidiennement, toute la vie durant.

Lait et produits laitiers

Une alimentation trop riche en lait et en produits laitiers contribue probablement à une augmentation du risque des cancers de la prostate et du rein.

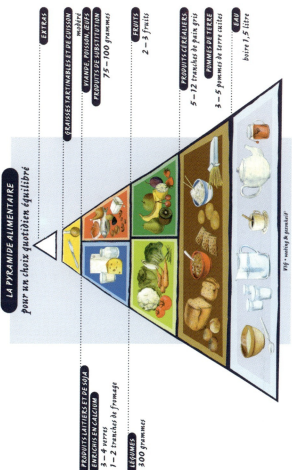

(voir p. 102)

Dix recommandations pour une alimentation saine

1 Variez au maximum votre alimentation.

2 Consommez beaucoup de produits céréaliers complets, de pommes de terre, de fruits et de légumes.

3 Limitez la consommation de sucre.

4 Ne mangez pas trop de graisses et limitez surtout les acides gras saturés que vous trouvez dans les produits d'origine animale tels que la viande, les produits laitiers et le beurre.

5 Mangez au maximum 100 g de viande par jour et limitez votre consommation de viande rouge à maximum deux fois par semaine. Veillez à manger du poisson deux fois par semaine.

6 N'ajoutez pas de sel lors de la préparation des aliments, ni à table.

7 Buvez chaque jour au moins un litre et demi de boissons peu énergétiques, de préférence de l'eau.

8 Limitez la consommation de boissons alcoolisées à maximum deux verres par jour pour les hommes et un verre par jour pour les femmes.

9 Faites de l'exercice physique au moins trois fois par semaine (vélo, marche énergique, natation, etc.)

10 Essayez de ne pas prendre de poids à l'âge adulte et restez (ou revenez) à votre poids idéal.

Préparation et conservation des aliments

Contaminants

Divers aliments et boissons contiennent des résidus de produits chimiques (pesticides, herbicides, etc.) utilisés dans l'agriculture, ou qui ont contaminé les aliments au cours de leur préparation. Des expériences réalisées sur ces produits chimiques ont montré qu'un certain nombre d'entre eux pouvaient être cancérigènes. Par conséquent, des valeurs maximales autorisées ont été définies pour les aliments. Si ces valeurs sont respectées, le risque de cancer n'augmente vraisemblablement pas. Il n'en va pas de même en cas de contamination massive à la suite d'une erreur ou d'un accident industriel.

Additifs

La plupart des aliments et des boissons qui ont subi un traitement industriel contiennent des produits chimiques qui font intentionnellement partie du processus de fabrication. À titre d'exemple, citons les colorants, les édulcorants, les conservateurs, les émulsifiants, les stabilisants, etc.

Leur toxicité éventuelle a toutefois été étudiée et des valeurs maximales autorisées dans les aliments ont été définies par la loi. Il n'a pas pu être démontré que leur utilisation, aux doses admises, s'accompagne d'une augmentation du risque de cancers. La relation de cause à effet entre la saccharine ou le cyclamate (deux édulcorants) et les cancers de la vessie a, par exemple, été étudiée de près. Contrairement à ce qui a souvent été dit, ces études n'ont pas montré d'augmentation du risque aux doses habituellement consommées.

Contaminants microbiens

Un risque cancérologique peut être causé par des moisissures productrices de mycotoxines. Cette forme de contamination est particulièrement fréquente par temps chaud et humide, lorsque les provisions de nourriture sont conservées dans de mauvaises conditions (stockage pour de longues périodes dans des locaux non réfrigérés). Des études ont démontré que l'aflatoxine (un certain type de mycotoxine) favorise le développement de cancers du foie.

Salaison et réfrigération

La salaison a été utilisée pendant de nombreux siècles pour conserver les aliments. Cette technique a fortement diminué depuis que le réfrigérateur a fait son apparition. Aujourd'hui, l'industrie utilise encore le sel comme conservateur et comme exhausteur de goût. La réfrigération des aliments diminue le risque de cancer de l'estomac. Ceci est probablement dû au fait que, grâce à elle, des légumes et des fruits frais sont disponibles toute l'année et que la technique de la salaison (qui augmentait le risque de cancer de l'estomac) est beaucoup moins utilisée. Par ailleurs, différentes études ont montré qu'une consommation excessive de poisson salé fait augmenter le risque de cancer du pharynx.

Fumaison des aliments et autres méthodes de conservation

Par "autres méthodes de conservation", nous entendons en particulier l'ajout de nitrates, de nitrites ou d'autres conservateurs. L'utilisation de nitrites et de nitrates ferait augmenter le risque de cancer du côlon et du rectum, surtout si l'alimentation est riche en protéines, ce qui favorise la transformation des nitrates et nitrites en nitrosamines.

Cuisson

Il n'y a aucune certitude quant au lien entre la cuisson des aliments et l'augmentation du risque de cancer. Toutefois, une alimentation riche en viande cuite à température élevée pourrait faire augmenter le risque de cancer de l'estomac, du côlon et du rectum. Ce sont surtout les préparations telles que les grillades, les barbecues et les cuissons à la poêle qui seraient en cause.

Alcool

L'alcool augmente le risque de cancer du pharynx, du larynx, de l'œsophage et du foie. L'abus d'alcool peut, par exemple, provoquer une cirrhose, susceptible d'évoluer en cancer du foie. L'association alcool et tabac multiplie leurs risques respectifs. L'alcool fait probablement aussi augmenter la fréquence des cancers du côlon, du rectum et du sein. Dans ce dernier cas, même une consommation modérée (plus d'un verre par jour) chez des femmes prédisposées (formes familiales de cancer du sein, par exemple) augmenterait le risque. De manière générale, le risque de cancer augmente proportionnellement à la quantité d'alcool consommée.

Sel

Le sel intervient à différents moments de la production des aliments: lors de leur préparation industrielle, pour prolonger leur durée de conservation, dans la cuisine ou à table. Dans le monde occidental, la majeure partie du sel est ajoutée par l'industrie. Ainsi, les aliments à forte teneur en sel sont les charcuteries, le fromage, le pain, certaines céréales pour le petit déjeuner et les en-cas salés (biscuits salés, fruits secs salés).

Consommez de préférence ces aliments, comme le sel proprement dit, en petites quantités et préférez les alternatives pauvres en sel. Les épices peuvent donner du goût aux préparations pauvres en sel. Une consommation excessive de sel fait probablement augmenter le risque de cancer de l'estomac, lequel était, il y a peu de temps encore, le cancer le plus fréquent au monde. De plus, les régimes alimentaires riches en sel augmentent le risque d'hypertension artérielle et d'hémorragie cérébrale.

Compléments alimentaires

Diverses études font supposer que les régimes riches en certaines vitamines, en minéraux et en différentes substances bioactives telles que la vitamine C et les caroténoïdes, feraient diminuer le risque de certains cancers. Toutefois, cela ne doit pas être un prétexte pour enrichir systématiquement l'alimentation de manière artificielle au moyen de compléments alimentaires. Une alimentation saine et équilibrée reste primordiale. De plus, les résultats de certaines études sont parfois déconcertants: une augmentation plutôt qu'une baisse de certains cancers a déjà été constatée en cas d'enrichissement artificiel de l'alimentation par des vitamines.

Mieux vaut prévenir que guérir: dix recommandations pour limiter le risque de cancers

Toutes ces données confirment le lien complexe entre alimentation et cancers. Il n'empêche que des études supplémentaires sont nécessaires afin de préciser certaines relations que l'on soupçonne déjà. Pourtant, chacun peut mettre à profit les connaissances actuelles et prendre des mesures pour réduire les risques de cancer induits par l'alimentation. Les dix recommandations suivantes peuvent être utiles à ce propos.

1 Variez au maximum votre alimentation.
2 Consommez beaucoup de produits céréaliers complets, de pommes de terre, de fruits et de légumes.
3 Limitez la consommation de sucre.
4 Ne mangez pas trop de graisses et limitez surtout les acides gras saturés que vous trouvez dans les produits d'origine animale tels que la viande, les produits laitiers et le beurre.

5 Mangez au maximum 100 g de viande par jour et limitez votre consommation de viande rouge à maximum deux fois par semaine. Veillez à manger du poisson deux fois par semaine.

6 N'ajoutez pas de sel lors de la préparation des aliments, ni à table.

7 Buvez chaque jour au moins un litre et demi de boissons peu énergétiques, de préférence de l'eau.

8 Limitez la consommation de boissons alcoolisées à maximum deux verres par jour pour les hommes et un verre par jour pour les femmes.

9 Faites de l'exercice physique au moins trois fois par semaine (vélo, marche énergique, natation, etc.)

10 Essayez de ne pas prendre de poids à l'âge adulte et restez (ou revenez) à votre poids idéal.

Conclusion

À l'heure actuelle, il n'existe aucune 'assurance tout risque' contre le cancer. Cependant, de nombreuses études ont montré que la plupart des cancers sont liés à notre mode de vie. L'alimentation et le tabagisme sont considérés comme les deux facteurs ayant la plus grande influence sur la probabilité d'en être atteint. Nous avons donc la possibilité de réduire très nettement notre risque individuel face aux tumeurs cancéreuses.

5. Mangez au maximum 150 g de viande par jour ou
limitez votre consommation de viande rouge à maximum deux fois par semaine. Veillez à manger du poisson deux fois par semaine.

3

La Pyramide alimentaire:
fil conducteur de votre journée

La Pyramide alimentaire est un outil qui permet de voir,
d'un seul coup d'œil, à quoi ressemble une alimentation
équilibrée. Voici un bref aperçu de chaque groupe de la Pyramide ainsi que des conseils utiles. Ces informations vous
permettront de composer très facilement un repas équilibré.

Eau

L'eau est un constituant majeur de notre corps. Par conséquent, elle est un élément indispensable dans une alimentation saine. En temps normal, il est recommandé de boire
au moins un litre et demi d'eau par jour. Les sportifs et les
personnes qui produisent des efforts physiques intenses
perdent plus de liquide à cause de la transpiration. Elles
doivent donc boire plus, de préférence de l'eau. Nous trouvons la majeure partie du liquide dont nous avons besoin
dans ce que nous buvons. L'eau, le café, le thé et le bouillon composent le groupe des boissons aqueuses. Le lait
aussi est une boisson. Mais comme il contient d'autres
substances nutritives, du calcium par exemple, il appar-
tient au groupe des produits laitiers.

 En quelle quantité?

La quantité quotidienne totale de liquide dont nous
avons besoin est d'au moins 2,5 litres. Si en plus de
l'eau contenue dans les aliments solides (tout ce que
nous consommons, à l'exception des boissons), on
boit un litre et demi d'eau, ce besoin est satisfait.

Produits céréaliers
et pommes de terre

Les produits céréaliers et les pommes de terre fournissent
des glucides complexes, des protéines végétales, des fibres
alimentaires, des vitamines et des minéraux. Ils sont la
base de notre alimentation. Ce groupe comprend les pommes de terre et toutes sortes de produits céréaliers tels que
le pain (froment, seigle, multicéréales), les biscottes, les
céréales pour le petit déjeuner, le riz, les pâtes, etc.
Les produits complets sont à privilégier: ils contiennent
plus de fibres alimentaires, de vitamines et de minéraux
que les variétés blanches raffinées. La quantité journalière
recommandée de produits céréaliers et de pommes de
terre dépend de l'âge, du sexe, de l'activité et donc de
l'énergie nécessaire.

En quelle quantité?

La quantité recommandée va de cinq à douze tranches de pain (de 175 à 240 g) et de trois à cinq pommes de terre (210 à 350 g) par jour. Une personne qui exécute un travail physique lourd devra bien entendu consommer davantage de produits céréaliers et de pommes de terre que quelqu'un qui exécute un travail administratif.

Saviez-vous que...

le pain, les pommes de terre, les pâtes, le riz et les autres produits céréaliers ne font pas particulièrement grossir! En revanche, les garnitures ou les sauces, souvent en quantité importante, qui les accompagnent sont riches en graisse et, par conséquent, contiennent beaucoup plus de calories.

Légumes

Les légumes fournissent des glucides complexes, des fibres alimentaires, des minéraux et des vitamines. Comme tous les légumes ne contiennent pas les mêmes vitamines et les mêmes minéraux, il est important de varier leur consommation.

En quelle quantité

Nous mangeons généralement beaucoup trop peu de légumes. Au total, nous devrions en consommer au moins 300 g par jour! Pour ce faire, nous pouvons manger tant des légumes cuits que des crudités, répartis sur différents repas. Le repas chaud doit toujours comprendre une portion de légumes: au moins 200 g après cuisson (soit 250 g de légumes crus). Lors du 'repas tartines', il est conseillé de consommer 100 g de crudités. Les en-cas et le petit déjeuner aussi doivent, de préférence, comprendre quelques légumes.

 ### Saviez-vous que...

de tous les aliments solides (tout ce que nous consommons, à l'exception des boissons), les légumes sont ceux qui contiennent le moins de calories? Donc, en principe, on n'en mange jamais trop. Il en est de même pour la soupe maigre de légumes, à base d'eau, de légumes, de bouillon maigre et d'épices de votre choix.

Fruits

Tout comme les légumes, les fruits fournissent des glucides (surtout des glucides simples, appelés couramment 'sucres'), des vitamines, des minéraux et des fibres alimentaires. Les fruits et les légumes se distinguent les uns des autres par le fait qu'ils contiennent des substances nutritives différentes, en quantités différentes. C'est pour cela que nous devons consommer chaque jour des fruits *et* des légumes.

En quelle quantité?

Consommez des fruits au moins deux fois par jour, par exemple au petit déjeuner, comme dessert, comme en-cas ou comme snack. Préférez les fruits frais aux fruits en boîte ou séchés, car ils contiennent plus de substances nutritives.

 Saviez-vous que...

il est préférable de ne pas boire trop de jus de fruits, même sans sucre ajouté? En effet, le jus de fruits contient autant de calories qu'un soda, c'est-à-dire relativement beaucoup pour une boisson.

Produits laitiers et produits à base de soja enrichis en calcium

Les produits laitiers sont une source importante de calcium, de protéines et de vitamines du groupe B. Le calcium est une substance nutritive essentielle qui contribue à la construction et à l'entretien des os. Afin de prévenir l'ostéoporose, nous devons consommer suffisamment de calcium, à tout âge. Les jeunes et les personnes âgées ont besoin de plus de calcium que les adultes.

Les produits laitiers comprennent le lait, les produits dérivés (yaourt), tous les fromages (fromage à tartiner, fromage blanc) et le babeurre. Le lait demi-écrémé et les fromages maigres sont à privilégier. Les boissons et les desserts au soja peuvent remplacer le lait s'ils sont enrichis en calcium (c'est indiqué sur l'emballage).

En quelle quantité?

Chaque jour, au moins trois à quatre verres de lait (450-600 ml) et une ou deux tranches de fromage (20-40 g) ou de produits dérivés (fromage blanc, yaourt, etc.) sont nécessaires pour satisfaire notre besoin en calcium.

 Saviez-vous que...

les produits laitiers maigres contiennent autant de calcium que les produits entiers? Vous ne devez donc pas craindre de consommer moins de calcium si vous choisissez des produits laitiers demi-écrémés ou écrémés.

Viande, poisson, œufs et produits de substitution

La viande, le poisson, les œufs sont des sources de protéines, de vitamines et de minéraux tels que le fer. Nous en avons besoin pour la croissance, la construction et la réparation de notre corps. Les produits de substitution de la viande, du poisson et des œufs peuvent notamment être à base de soja, de légumineuses et de noix. Pourtant, il convient de remarquer que les aliments végétaux n'apportent pas la vitamine B12 dont notre corps a besoin et qu'en raison de leur teneur élevée en lipides, les noix sont riches en énergie. Par ailleurs, les aliments végétaux sont de moins bonnes sources de fer.

En quelle quantité?

Par jour, 100 g de viande et/ou de charcuterie suffisent. Idem pour le poisson, les œufs et les produits à base de soja. Pour remplacer valablement la viande dans un régime végétarien, vous devez soit combiner plusieurs sources végétales de protéines (légumineuses, céréales, etc.), soit consommer des œufs ou des produits laitiers.

Saviez-vous que...

le saumon fumé contient environ 44 % de graisse en moins qu'un fromage maigre moyen? N'hésitez donc pas à en garnir vos sandwiches!

Graisses tartinables et de cuisson

Les graisses tartinables ou de cuisson fournissent avant tout de l'énergie. Elles sont également importantes en raison de leur apport en acides gras essentiels et en vitamines liposolubles (vitamines A et D). Par 'graisses tartinables et de cuisson', nous entendons les minarines, les margarines, les pâtes à tartiner allégées (indiqué sur l'emballage), le beurre, le beurre demi-écrémé et les huiles. L'huile et la margarine, ou la minarine riche en acides gras insaturés, sont à préférer car elles aident à prévenir les maladies cardio-vasculaires. Attention: nous devons modérer notre utilisation de graisses tartinables et de cuisson, mais ce groupe est essentiel pour une alimentation équilibrée.

En quelle quantité?

Une pointe de graisse à tartiner sur le pain et une cuillère à soupe rase de graisse de cuisson par personne suffisent pour le repas chaud, car les aliments des autres groupes (viande, produits laitiers, biscuits) contiennent aussi beaucoup de lipides.

Saviez-vous que...

aucun autre aliment ne contient autant de calories que l'huile végétale (huile d'olive y compris)? Ainsi, le chocolat contient en moyenne quelque 518 kcal/100 g tandis que l'huile d'olive en contient 900 kcal/100 ml! Les huiles végétales sont certes un bon choix mais... avec modération! Pour le repas chaud, n'oubliez pas: une cuillère à soupe rase de graisse de préparation par adulte et une demi-cuillère pour les enfants, qu'il s'agisse de beurre, de margarine ou d'huile.

Extras

La pointe de la Pyramide alimentaire comprend les extras. Nous pouvons y classer tous les aliments qui ne sont pas strictement nécessaires à une alimentation équilibrée.

Bien que les extras ne soient pas essentiels, notre culture et nos habitudes alimentaires ne sont pas concevables sans eux. Sucreries, friandises, boissons sucrées, boissons alcoolisées, mayonnaise... se retrouvent dans le groupe des extras. Il va de soi que nous devons consommer ces aliments avec modération. Ils ne fournissent généralement que de l'énergie (graisse et sucre) et pas de substances nutritives telles que des vitamines et des minéraux. La pointe de la Pyramide alimentaire est donc à surveiller de près.

Conseils supplémentaires

Vive la variété

Si vous consommiez chaque jour le même aliment de chaque groupe, votre alimentation serait monotone et déséquilibrée. Chaque groupe contient un vaste choix d'aliments qui, s'ils sont alternés, permettent de manger de manière saine et équilibrée. Il est donc important d'apporter quotidiennement de la variation au sein de chaque groupe.

Activité physique!

L'activité physique comporte de très nombreux avantages: elle réduit le risque de maladies cardio-vasculaires, d'hypertension, d'ostéoporose et de diabète de type 2. De plus, le sport peut améliorer les habitudes de sommeil ainsi que la composition du corps (moins de graisse corporelle et plus de muscles) tout en exerçant une action positive sur le stress. Du sport pratiqué régulièrement, associé à une alimentation équilibrée, contribue à préserver la santé et la forme. Par 'effort physique modéré' (pendant lequel vous vous essoufflez légèrement), nous entendons: marche énergique, natation, vélo, danse, monter les escaliers...

Les recommandations suivantes ont été rédigées pour la population générale, modérément active physiquement: une demi-heure d'activité physique par jour si vous n'effectuez pas d'effort physique éprouvant au travail. Cette demi-heure peut être répartie sur la journée. Choisissez des activités qui s'intègrent dans vos occupations quotidiennes (marche, vélo ou sport que vous aimez). Si vous décidez de faire plus d'exercice physique, si vous avez plus de 35 ans, si vous êtes inactif depuis longtemps ou si vous souffrez de problèmes de santé, consultez au préalable votre médecin.

Conseils alimentaires

- Mangez varié.
- Mangez beaucoup de légumes, de fruits, de pommes de terre et de produits céréaliers complets.
- Consommez la viande, les graisses, le sucre et le sel avec modération.
- Buvez beaucoup d'eau et de produits laitiers.
- Mangez régulièrement et pas plus de cinq fois par jour.

Conseils pour la santé

- Prenez le temps de manger.
- Lavez-vous toujours les mains avant de manger ou de préparer à manger.
- Lisez les emballages.
- Surveillez votre poids.
- Faites régulièrement de l'exercice.

Sources: VIG (Vlaams Instituut voor Gezondheidspromotie – Institut Flamand pour la Promotion de la Santé)

4

Bon à savoir
avant de vous y mettre

Dans ce chapitre, nous nous intéressons de plus près aux repas chauds. Nous allons étudier ce que doit comprendre le repas le plus copieux de la journée, comment préparer quelque chose de différent chaque jour grâce à quelques conseils simples, et comment éviter un excédent de calories.

Le repas chaud

En principe, le repas chaud doit apporter de 30 à 35 % de l'énergie quotidienne. Traditionnellement, dans nos contrées, le repas chaud se compose de pommes de terre, de viande et de légumes. Toutefois, le choix actuel d'aliments nous permet d'y apporter des variations sans fin. Même s'il s'agit d'un grand avantage, la composition du repas chaud n'en devient pas plus facile pour autant.

Si nous partons d'une base 'classique', il est important de savoir qu'un repas chaud sain est composé d'une quantité suffisante de légumes, de pommes de terre, (ou de riz, de pâtes...) ainsi que d'une portion modérée de viande.

Des possibilités infinies
de variation

Revenons sur cette variation sans fin dont vous ne vous priverez en aucun cas! Dans le tableau ci-dessous, vous trouverez des alternatives pour chaque 'ingrédient de base' de notre repas traditionnel. Si vous manquez d'inspiration, puisez dans le tableau.

Ingrédient classique	Variation
Légumes	Variations à souhait... Pourquoi ne pas tout simplement opter pour des légumes frais de saison? Variation garantie et, en plus, bon marché.
Pommes de terre	Riz thaï, complet, sauvage, basmati, etc. Pâtes spirelli, capellini, tagliatelle, fusilli, lasagne oranges, noires, tricolores, etc. Aussi faciles à préparer que les 'classiques'. N'oubliez pas non plus le couscous, les grains de blé (Ebly, Tarly)... Pourquoi ne pas opter pour le pain ordinaire ou la ciabatta, la foccacia, le pain aux noix, le pain aux olives...
Viande	Le poisson, tout comme la viande, est un classique, même si nous n'en mangeons pas assez souvent. Outre le poisson, il existe toute une gamme de produits de substitution à base de soja: quorn, tofu, seitan, tempeh, burgers, petites saucisses, steaks végétariens, etc.

Un éventail de modes de cuisson

Comme si le vaste choix d'ingrédients ne suffisait pas, vous pouvez aussi varier les modes de cuisson. Chaque ingrédient peut être préparé différemment selon le 'genre' de repas que vous souhaitez. Le tableau ci-dessous vous donne un aperçu des méthodes traditionnelles et modernes, les cas où vous pouvez les utiliser, les avantages et les inconvénients pour la santé, le résultat obtenu. En d'autres termes: le 'cachet' qu'elles confèrent à votre repas. Servez-vous également de ce tableau comme d'un guide afin de donner une nouvelle impulsion à vos plats classiques.

Mode de-cuisson	Peut surtout être utilisé pour...	Avantage (+) et inconvénients (-)	Résultat
Cuisson à la poêle	Pommes de terre Viande, poisson et produits de substitution	− utilisation de graisse* + préservation des substances nutritive	Préparation savoureuse
Friture	Pommes de terre Poisson	− utilisation de graisse	Préparation savoureuse mais très grasse
Grillade	Viande, poisson et produits de substitution	+ peu de graisse − le BBQ est moins sain; la poêle à griller est une alternative plus saine	Préparation légère et savoureuse
Four traditionnel	Pommes de terre Viande, poisson et produits de substitution	+ préservation des substances nutritives	Léger et préservation du goût original des aliments
Cuisson à l'eau	Légumes Pommes de terre, riz, pâtes et autres produits céréaliers	− perte des substances nutritives + pas de graisse ajoutée	Léger, mais perte assez importante du goût

* Sauf si vous utilisez un revêtement anti-adhérent

Mode de cuisson	Peut surtout être utilisé pour...	Avantage (+) et inconvénients (-)	Résultat
Micro-ondes	Légumes Pommes de terre Poisson et produits de substitution	+ préservation des substances nutritives	Léger et rapide
Pochagen	Poisson	+ plus grande préservation des substances nutritives que la cuisson à l'eau	Léger et plus grande préservation du goût que la cuisson à l'eau
Cuisson au wok	Légumes Pommes de terre, riz, pâtes et autres produits céréaliers Viande, poisson et produits de substitution	− utilisation de graisse* + préservation des substances nutritives	Savoureux et sain
Cuisson à la vapeur	Légumes Poisson	+ préservation des substances nutritives	Léger et préservation optimale du goût
Mijotage	Légumes	− utilisation de graisse*	Préparation savoureuse

* Sauf si vous utilisez un revêtement anti-adhérent

Certaines préparations nécessitent plus de matière grasse que d'autres ou sont à l'origine d'une perte plus ou moins grande de substances nutritives. Par conséquent, il est important de varier la méthode de cuisson non seulement d'un jour à l'autre, mais aussi au sein d'un même repas: n'essayez pas de cuire tous les éléments du repas à la poêle, par exemple.

Guide des portions

Tout le monde n'est pas en mesure d'évaluer la quantité exacte de chaque ingrédient. Si vous n'avez pas (encore) l'habitude de cuisiner ou si vous devez exceptionnellement cuisiner pour beaucoup de personnes ou pour une seule, vous devrez souvent, les premières fois, manger des restes pendant plusieurs jours. Pour éviter cet inconvénient, voici un guide des portions pour les adultes et les enfants. Il respecte scrupuleusement les recommandations de notre Conseil National de la Nutrition, telles qu'elles ont été traduites dans la pratique de la Pyramide alimentaire.

Pour des raisons de facilité, nous avons baptisé le groupe des produits céréaliers et des pommes de terre "Pommes de terre, etc." et celui de la viande, du poisson, des œufs et des produits de substitution "Viande, etc.", d'après la composition 'traditionnelle' du repas.

Guide des portions d'un repas chaud				
	6-12 ans	12-18 ans	adultes	60+
Légumes (poids après cuisson*)	150-200 g	200 g	200 g	200 g
Pommes de terre, etc.	3-4 pièces** 70-90 g***	3,5-5 pièces** 80-110 g***	3,5-5 pièces** 80-110 g***	3-4 pièces** 70-90 g***
Viande, etc.	75-100 g	100 g	100 g	100 g

* 200 g de légumes après cuisson correspondent environ à 250 g de légumes crus
** 1 pomme de terre = 70 g en moyenne
*** poids non cuit pour les pâtes, le riz et les autres produits céréaliers

5

Le repas chaud:
chaque jour bon marché,
rapide et délicieux

Il existe une infinité de livres de cuisine, aux recettes toutes plus alléchantes les unes que les autres, en provenance des quatre coins de la planète. Rien n'est hors de portée du fin gourmet. La plupart des recettes de prestige sont à essayer lors d'une fête entre amis, en été, ou pour des menus plus complexes lors des longues soirées d'hiver.

Mais que faire pendant la semaine? Que nous ayons une famille ou que les deux membres du couple travaillent, il est rare que nous cuisinions, encore plus que nous cuisinions des produits frais, à la maison, en semaine. Si vous habitez seul, vous ne vous donnez pas toujours la peine (et c'est compréhensible) de préparer des petits plats.

Plats préparés, distributeurs automatiques et friteries font des affaires en or. Économique? Pas toujours. Mais rapide, ça oui. Savoureux, surtout parce que c'est si facile, mais sain? Pourtant, bon marché, rapide et savoureux peuvent être synonymes d'un repas traditionnel nourrissant. Comment? Voyons cela.

Bon marché

Dans nos recettes, nous avons tenu compte de votre budget. Lors de l'explication des recettes, nous vous donnons souvent des conseils pour faire des économies. Voici quelques astuces générales pour réduire votre budget de tous les jours.

Conseils d'économie

- Achetez des légumes et des fruits de saison (ils sont souvent meilleur marché) ou achetez des légumes et des fruits en promotion; de cette façon, vous aurez de la variation toute l'année dans vos menus.
- Surveillez également les promotions d'autres ingrédients (viande, poisson). Tenez compte des quantités du Guide des portions (voir page 116) afin de ne rien devoir jeter.
- Vous ne devez pas vous rendre chaque jour au supermarché: allez-y une fois par semaine, muni d'une liste, et achetez tant des produits frais que des produits surgelés (ils sont aussi nourrissants et vite prêts).

Rapide

Un plat est souvent beaucoup plus rapide à préparer qu'indiqué dans la recette originale. Voici quelques conseils afin de ne plus devoir remplacer les produits frais par des plats préparés (souvent moins nourrissants) pendant la semaine à cause du manque de temps.

Conseils de rapidité

- Cuisinez des légumes surgelés 'nature' (qui ne sont donc pas accompagnés de sauces à la crème, riches en calories) au lieu de légumes frais. Ils sont souvent pré-emballés en portions et, de plus, possèdent la même valeur nutritive que les légumes frais.
- Si le temps vous pousse malgré tout à opter pour un repas tout préparé, complétez-le par des légumes

frais ou surgelés. Les repas préparés sont souvent relativement bien équilibrés, ne contiennent pas trop de calories mais sont presque toujours accompagnés de peu de légumes.

- Veillez à toujours avoir de la soupe de légumes maison dans le congélateur. Pour que le repas soit rapide et nourrissant, ajoutez-y de la viande (dés de poulet, boulettes) et quelques pommes de terre ou un produit céréalier (vermicelles, alphabet ou autres pâtes, riz, grains de blé de type Ebly ou Tarly...).

- Optez pour un mode de préparation 'rapide' par exemple au micro-ondes pour les pommes de terre, les légumes et le poisson.

- Choisissez des plats complets vite prêts, préparations au wok ou salades par exemple, pour lesquels vous trouverez diverses idées de recette dans ce livre.

- Utilisez les restes ou préparez une portion supplémentaire de certains ingrédients. Cuisez deux fois plus de pâtes, de riz, de viande, etc. et, le jour suivant, utilisez ce qui reste pour faire un plat complet ou une salade. Vous trouverez également des idées de recettes dans ce livre ('Salades').

- Les herbes aromatiques et les épices peuvent également vous être utiles lors de la réalisation d'un encas rapide. Découvrez ci-dessous comment.

- Consultez nos conseils de rapidité et de réutilisation dans ce livre. Ils vous inspireront certainement!

Délicieux

Bien sûr, lorsque nous avons composé nos recettes, l'un de nos objectifs était qu'elles soient savoureuses. Pour rendre encore meilleurs même les classiques, vous pouvez utiliser des herbes aromatiques et des épices. Ces concepts sont interprétés de manière très large, comme vous pourrez le remarquer (voir encadré).

Vous pouvez utiliser herbes aromatiques et épices pour apporter une touche particulière aux plats traditionnels, mais aussi à des ingrédients simples, par exemple, si vous voulez choyer des invités inattendus pendant la semaine, sans que cela vous coûte beaucoup de temps ou d'efforts, mais aussi simplement pour vous faire plaisir. Vous pouvez également les utiliser lorsque vous préparez un en-cas rapide. Voici quelques exemples.

Herbes aromatiques et épices

Pesto

Le pesto est un mélange de basilic, de pignons de pin, de parmesan et d'huile d'olive. Vous pouvez l'utiliser pour accompagner n'importe quel type de pâtes. Le pesto peut également être mélangé à de la mayonnaise et se marier parfaitement avec des pâtes froides, des salades ou du poisson. Vous trouverez le pesto dans les supermarchés. Avant ouverture du bocal, il se conserve longtemps. Il existe toutes sortes de variantes à la recette de base, notamment du pesto aux tomates séchées.

Recette pour 4 personnes
1 bouquet de basilic frais • 50 g de pignons de pin (en vente dans les supermarchés, au rayon des fruits secs) • 3 gousses d'ail • 50 g de parmesan râpé • 50 g de pecorino râpé (ces deux fromages

---

sont en vente dans les supermarchés, au rayon des fromages pré-emballés) • une pincée de sel • 100 ml d'huile d'olive

Arrachez les feuilles de basilic de leur tige et rôtissez les pignons de pin dans une poêle, sans ajouter de matière grasse. Hachez finement l'ail épluché. Mélangez tous les ingrédients dans un bol, ajoutez un peu de sel et mixez. Pendant que vous mixez, ajoutez en alternance le fromage râpé et l'huile d'olive, jusqu'à ce que vous obteniez une pâte épaisse.

Chutney de mangue

Le chutney de mangue est un mélange de mangue, de coriandre fraîche et de gingembre frais. Délicieux avec des scampis et du poisson poêlés, mais aussi avec des salades et certaines préparations à base de viande. Tout comme le pesto, vous le trouverez dans les supermarchés. Avant ouverture du bocal, il se conserve longtemps.

Recette pour 4 personnes
1 mangue mûre (pelée, dénoyautée et coupée en petits morceaux) • jus de 1 citron vert ou de 1 citron • 1 cs de miel • 1cs de feuilles de coriandre fraîche émincées (en vente dans les supermarchés, au rayon des herbes aromatiques fraîches) • 1 cc de gingembre frais râpé (en vente dans les supermarchés, au rayon des fruits et légumes)

Mélangez tous les ingrédients et laissez reposer au moins une heure au réfrigérateur. Pour que la préparation soit piquante, ajoutez un poivron d'Espagne épépiné et émincé.

Guacamole

Un plat indien qui nous vient, notamment, des Mayas du Mexique et d'Amérique Centrale. Accompagne parfaitement de nombreux plats mais est aussi très bon sur une tartine.

Recette pour 4 personnes
2 avocats (bien mûrs) • jus d'un demi-citron • 3 cs de fromage frais maigre • un demi-oignon pas trop gros • ciboulette (frais) • paprika en poudre • poivre • pincée de sel

Videz les avocats, coupez la pulpe en petits morceaux et ajoutez le jus de citron. Ajoutez ensuite le fromage maigre, l'oignon et la ciboulette. Mélangez et épicez à l'aide de poudre de paprika, de poivre et de sel.

Variantes de la mayonnaise

La mayonnaise, que beaucoup d'entre nous ont en permanence en réserve, permet de créer des choses originales. Nous avons déjà signalé que nous pouvions mélanger le pesto et la mayonnaise. Une sauce rémoulade, dont vous trouverez la recette ci-dessous, est tout aussi délicieuse. Elle peut accompagner tous les plats avec lesquels vous mangeriez de la mayonnaise. Pour faire une mayonnaise 'légère', mélangez une moitié de mayonnaise avec une moitié de yaourt, puis épicez à volonté.

Recette
Mélangez: 150 g de mayonnaise au citron • 1 œuf dur écrasé • câpres • petits cornichons et ciboulette émincés (2 cuillères à soupe de chaque ingrédient). Vous pouvez également remplacer la mayonnaise par du yaourt grec.

Bien entendu, il existe une gamme infinie d'herbes aromatiques et d'épices aux possibilités inépuisables en cuisine. Ajoutez de la poudre de curry à la soupe aux carottes, de la coriandre fraîche au poisson grillé ou aux plats cuisinés au wok, etc. Lisez les étiquettes des petits pots d'épices: elles vous indiquent toujours comment vous pouvez les utiliser. Limitez votre utilisation du sel. Les mélanges spécifiques d'herbes aromatiques pour le poulet, le poisson, l'agneau, etc. contiennent souvent beaucoup de sel. Dès lors, limitez leur utilisation.

Conclusion

Nous espérons que ce livre vous a donné des idées de recettes et vous a permis d'apprendre quelques astuces afin
de manger sainement au quotidien. Votre santé en profite-
ra, tant à court qu'à long terme. Vous vous sentirez plus en
forme et pourrez mieux maîtriser votre poids. Votre risque
de développer un cancer, maladie si fréquente à notre époque, en sera probablement réduit.

Bien que beaucoup de questions demeurent à ce sujet, une
alimentation saine aide à limiter le risque d'apparition
d'un cancer. Néanmoins, le développement d'une tumeur
cancéreuse résulte généralement d'un mélange de nombreux facteurs liés au mode de vie (alimentation, alcool,
tabagisme, soleil, milieu social, etc.) mais aussi des prédispositions génétiques de chaque individu.

Même dans l'alimentation, différents éléments s'influencent mutuellement, ce qui crée un 'tout' favorable ou défa-
vorable à la santé. C'est pourquoi nous ne devons pas
recourir systématiquement à certains compléments alimentaires puisque c'est l'alimentation, dans son ensemble, qui compte. De plus, la prise d'une trop grande quantité de certains minéraux, vitamines et autres substances
bio-actives peut parfois avoir un effet négatif sur la santé.
Par contre, les légumes, les fruits et les produits céréaliers
complets (pain gris, riz complet, pâtes complètes, etc.)
semblent exercer une action protectrice contre différents
types de cancers.

Une alimentation saine offre des avantages à tout âge. Les
chercheurs s'intéressent de plus en plus au moment de
notre vie auquel certains aliments ou substances alimentaires conféreraient la meilleure protection. Toutefois, ces
recherches n'en sont qu'à leurs débuts. Ainsi, la consommation de soja qui, si elle est suffisante à la puberté, offri-
rait une protection contre les cancers du sein à un âge plus
avancé, fait actuellement l'objet d'études attentives.

Le lien entre le poids et le cancer a déjà été établi: le surpoids peut accroître le risque de développer différents types de tumeurs malignes. Une trop grande consommation de graisse accroît aussi indirectement le risque de cancer puisqu'elle engendre un surpoids. Un poids sain et stable implique un équilibre entre alimentation et dépense d'énergie. Cette dernière dépend de notre activité physique, laquelle mérite également toute notre attention.

Un poids sain et de l'exercice physique en suffisance signifient une diminution du risque de développer non seulement un cancer, mais aussi d'autres affections dites 'de civilisation', telles que les maladies cardio-vasculaires et le diabète. N'attendez donc pas plus longtemps avant de vous mettre à cuisiner sainement, et bougez en suffisance!

Liste des recettes

Idées pour l'apéritif

Tentation végétarienne

Le poisson, injustement délaissé

La viande a aussi sa place dans une alimentation saine

Les salades: bien plus que de simples crudités

Pour les amateurs de nouvelles tendances et les voyageurs